給眼球世代的觀看指南

尼可拉斯・莫則夫

How to See the World

Nicholas Mirzoeff

目次

致謝

一如以往，一切都歸功於凱瑟琳（Kathleen）以及漢娜（Hannah），她們讓我瞭解青少年現在如何透過社群媒體再造世界。我想謝謝蘿拉．斯提克尼（Laura Stickney）委託我撰寫本書，並在它的幾個不同的轉變階段中予以協助：這本書從原本的學術性書籍到以特定專業出版物的型態問世。非常感謝莫妮卡．史莫勒（Monica Schmoller）充滿同理心而睿智的的編審。所有的缺失當然都歸咎於我。書中的想法來自我和目前所任教和任職的紐約大學（New York University）以及密德薩斯大學（Middlesex University）的同僚的互動、以及和許多我有機會造訪的其他地方的人，我也很謝謝這兩所大學的同事們。我想在書的開頭感謝約翰．伯格（John Berger），以及視覺文化的女性主義切入方式和英國的文化研究帶給我許多智識啟發。從這個觀點來說，我想以這本書追念文化理論家史都華．霍爾（Stuart Hall），他是我們之中許多人的導師，並啟發了我們：願他「有力地安息」（Rest In Power）。

導論
如何觀看世界

圖一　美國太空總署（NASA）《藍色彈珠》（*Blue Marble*）

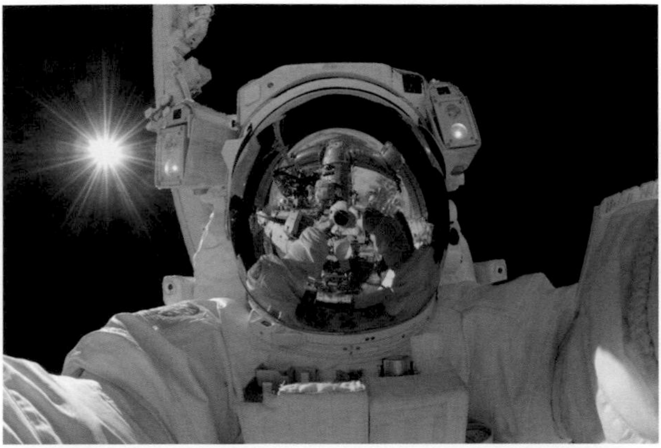

圖二　星出（Aki Hoshide）的《無題》（*Unititled*）自拍照

圖四　達蓋爾（Daguerre）《無題（貝殼和化石）》（*Untitled*〔*Shells and Fossils*〕）

圖三　美國太空總署《藍色彈珠二〇一二》(*Blue Marble 2012*)

圖五　透納(Turner)《雨、蒸汽和速度》(*Rain, Steam and Speed*)

圖六　基爾本(Kilburn)《肯寧頓公有草地的英國憲章主義者》(*Chartists at Kennington Common*)

一九七二年，太空人傑克．施密特（Jack Schmitt）從阿波羅十七號（Apollo 17）太空船拍攝了一幅地球的照片，現在被公認是有史以來被複製最多次的照片。照片上顯現的球體絕大部分布滿蔚藍的海洋，並間雜著大片綠地以及漩渦狀的雲，這幅影像於是以「藍色彈珠」（Blue Marble）為人所知。

這幅照片當時幾乎被刊登在全世界所有報紙的頭版，它有力地將這顆星球描繪成一個整體，而且是從太空的角度：上面絲毫看不到任何人類的活動或跡象。

照片中顯現的地球很接近圖片的邊框，它佔滿畫面，並且令人心蕩神馳。由於太陽位於太空船背後，使得這張照片獨樹一格：它顯現一顆被徹底照亮的星球。地球看起來既龐大、而且是可知的。已經學會辨識各洲輪廓的觀者，如今能夠看出球面上這些看來抽象的形狀如何作為人們生活其上的活的整體。這幅照片將已知和未知的事物混合在某個視覺型態中，使畫面變成可理解而且美麗的。

《藍色彈珠》（*Blue Marble*）刊出之際，許多人認為看到這幅照片改變了他們的一生。詩人阿契博德．麥克列許（Archibald MacLeish）如此回想人們第一次將地球視為一個整體：「完整、渾圓、美麗而小巧」。有些人從彷彿是神的角度觀看這個星球，獲得了心靈和環境層面的教訓。作家羅柏．普爾（Robert Poole）將《藍色彈珠》謂為「全世界公義的攝影宣言」（Wuebbles 2012）。這幅照片被用於《全球目錄》(*The Whole Earth Catalog*)這本反主流文化的經典著作封面上,體現出藍色彈珠激起了烏托邦的思想、關於某種世界性的體制,或許甚至還有單一的全球語言。最重要的,這幅照片似乎顯示世界是一個單一、大同的地方。一如阿波羅號的太空人盧塞爾·「拉斯提」·施威卡特(Russell 'Rusty' Schweickart)的說法,這幅影像傳達出這個東西是一個整體,地球是一個整體,而且如此美麗。你會希望在多番紛爭中,兩隻手各握著身旁兩側的人,對他們說:「看哪。從這個角度看著它。看看這個景象。還有什麼好爭的呢?」

太空人拍了這幅照片之後,再也沒有其他人親眼目睹那番光景,但是大多數人都因為《藍色彈珠》而自認為瞭解地球的樣貌。

如今,那個原本可以從一個點觀覽的大同世界似乎已經無法企及。《藍色彈珠》出現之後的四十年,這個世界在四個重要界域產生了劇變。今日的世界是年輕的、都會的、連線的而且炎熱的。二〇〇八年起,這四個指標都跨越了關鍵的關卡。那一年,都市的居住人口有史以來首次超過鄉下的居住人口。想想巴西這個崛起的全球強大勢力,在一九六〇年,只有三分之一的巴西人口居住在都市。到了一九七二年,當太空人拍攝《藍色彈珠》時,該國的都會人口已超過百分之五十。今天,百分之八十五的巴西人住在城市,總人數超過一億六千六百萬。

這些人大都是年輕人,這正是下一個指標。時至二〇一一年,全世界人口中,一半以上的人在三十歲以下；百分之六十二的巴西人年齡在(含)二十九歲以下。十二億的印度人之中，超過半數的人在二十五歲以下。類似地，中國人口也以年輕人佔多數。三分之二的南非人口在三十五歲以下。根據凱瑟家庭基金會(Kaiser Family Foundation)的計算，尼日的一千八百萬人口之中，百分之五十二在十五歲以下，而在撒哈拉以南的非洲大部分區域，超過百分之四十的人口年齡在十五歲以下。儘管北美、西歐和日本的人口可能正趨於老化，但全球的年齡模式仍顯而易見。

第三個關卡是網路連線。在二〇一二年，逾三分之一的世界人口可以連上網路，而這比二〇〇〇年增加了百分之五百六十六。而且不僅是歐洲和美洲的人可上網，可以連上網路的人口之中，百分之四十五的人位於亞洲。儘管如此，最缺乏網路的區域分布在撒哈拉以南的非洲(不包含南非)以及印度次大陸，造成全球規模的數位分野。二〇一四年底，據估計共有三十億人口使用網路。根據Google的預估，二〇一九年底，上網人數將達到五十億。這不只是另一種形式的大眾傳媒，更是第一個世界性的媒體。

全球網絡最顯著的用途之一是創造、傳送和觀看各種影像，從照片到影片、漫畫、藝術和動畫。其數量相當驚人，每分鐘，上傳到YouTube的影片總長度多達一百個小時。每個月，人們在這個網站上觀看的影片總長度長達六十億小時，地球上每個人平均觀看一個小時。年齡在十八歲到三十四歲的族群觀看YouTube的時間比看有線電視更長（別忘了YouTube是在二〇〇五年才創立的）。每兩分鐘，光是美國人所拍的照片數量就超過整個十九世紀所拍的照片數量。一九三〇年那時候，據估計，每年全世界拍的照片數量為十億張。五十年後，每年拍的照片數量為二百五十億張，當時人們仍以膠卷拍攝。到了二〇一二年，人們一年共拍攝三千八百億張照片，而且幾乎都是數位照片。在二〇一四年，拍攝的照片數量為一萬億張。二〇一一年，共有大約三點五兆張照片，於是，在二〇一四年，全世界的照片庫增加了大約百分之二十五。同樣是在二〇一一年，造訪YouTube的人次為一兆。不論你喜不喜歡，正在崛起的全球族群是視覺的。所有這些照片和影片都是我們試著看世界的方式。我們覺得被迫要為這個世界製造影像，並和別人分享，這是我們為瞭解改變中的週遭世界及自己在其中的定位所下的工夫的主要部分。

這個星球正在我們眼前改變。自從大約三百萬到五百萬年前的上新世以來，大氣中的二氧化碳含量在二〇一三年首次超過了百萬分之四百的指標性關卡。雖然我們看不到這種氣體，但它已經驅動了災難性的變化。隨著二氧化碳增加，暖空氣含有更多水蒸汽。由於冰帽融化，使得海水增加。由於海洋暖化，於是有更多的能量供給暴風系統，造成一波波「前所未見」的暴風。颶風或地震造成科學家所謂的「高海平面事件」，像是風暴潮或海嘯，它們的效應正在急劇增強。從曼谷到倫敦和紐約，全世界接二連三地發生創紀錄的水災，甚至當其他地區——從澳洲到巴西、加州以及赤道帶的非洲——也正飽受前所未見的乾旱之苦。今日的世界全然異於我們從《藍色彈珠》所見的世界，而且正快速變化中。

由於所有這些新的視覺素材，使我們在看今天的世界時，往往難以確知自己正在看的是什麼。所有這些變化都不是平靜或穩定的；我們彷彿活在一個恆常處於劇變的時刻。如果我們將這個持續成長、年輕人佔多數的連網城市以及氣候變遷這些元素集合在一起，會得到一個「改變的」方程式。毋庸置疑的，全世界各地都有人積極試圖從藝術、視覺和政治的角度去改變各種代表著我們的系統。而本書正是嘗試瞭解這個改變中的世界，以協助這些人和所有試圖瞭解所見的事物的人。

為了初步瞭解人類從《藍色彈珠》至今產生了多大的差距，讓我們思考二〇一二年在太空拍的兩張照片。二〇一二年十二月，日本太空人星出彰彥（Aki Hoshide）在太空中自拍。星出忽略了地球、太空和月球的壯闊景觀，而將攝影鏡頭朝向自己，締造出「selfie」或是「自拍照」之最。諷刺地，在這幅影像裡，關於他的外表或個性的一切線索都消失殆盡，因為他的反射性面罩只向我們顯現他正看到的東西——國際太空站（International Space Station）及其下方的地球。

《藍色彈珠》讓我們看到這顆星球，星出則想讓人只看到他。儘管如此，不可否認地，這幅畫面仍然深具說服力。透過重複自拍這項日常的實踐，攝影機和這幅畫面將太空變得對我們來說真實而且可以想像，其方式甚至比《藍色彈珠》更直接，但絲毫不具有先前那幅影像的社會影響力。在這位太空人的自拍照中，他隱而不顯，而且高深莫測。似乎其中更是關於觀看的行為、更甚於在那個地方觀看。

同樣是在二〇一二年，美國太空總署創造了新版本的《藍色彈珠》。這幅新的照片實際上是以衛星拍攝的一系列數位影像合成。人們實際上無法看到從距離地表大約九百三十公里（五百八十英里）高的衛星軌道上見到這番完整的星球景觀。你必須橫越一萬一千公里（七千英里）之遠，才能看到整顆星球的全貌。這幅合成後所得的、校正過顏色的「照片」被調整成美國被顯現在正前方，而不是非洲，而這目前是數位照片庫Flickr上最常被點閱的影像之一，被下載了五百萬次。

我們可以從《藍色彈珠》中「辨識」地球，但只有阿波羅十七號的三人組曾經實際目睹這番景象，這顆地球被徹底照亮，但自從一九七二年，再也沒有任何人看過這個景象。二〇一二年版本的《藍色彈珠》畫面的每個細部都很精確，但它是假的。它做得看起來彷彿從太空中的某處拍攝，讓人誤以為是在某個時間點、從某個特定的地方拍攝，但並非如此。這樣的「圖磚描繪」（tiled rendering）是建構數位影像的一種標準手法。這是今日人們將世界視覺化的方式的絕佳隱喻。我們以許多片段組成一個世界，以為所看見的東西和事實連貫而一致、也相互等同——直到我們發現情況並非如此。

關於「看起來像是一個結實整體的東西、實際上卻是由片段組成的集合」這種情形，二〇〇八年的金融崩盤就是一個顯著證明：主流經濟學家和各國政府一致聲稱全球金融市場已經過精密盤算，卻在毫無預警之下崩盤。這個結果證明了人們以精密的槓桿投資操作這個系統，導致另一群無法償還借貸款項的相對少數人釀成了滾雪球般的災難。而正因為全球金融市場是緊密連結的，導致它已經無法駕馭過去曾經僅是地方的災難。不論你喜歡與否，這個危機都在告訴你：現在的世界是一體的。

同時，「一體的世界」卻不表示所有人都具有均等的權利。如果你為了個人或政治的理由想遷徙國外往往並不容易，而這有一部分取決於你的護照。持有英國護照的人不需簽證就能造訪一百六十七個國家，持有伊朗護照的人卻只能進入四十六個國家。但另一方面，你只要按一下鍵盤，就能把錢送往任何地方。一九七九年之前，中國公民擁有國外貨幣還是違法的；今天，中國儼然是全球貿易的龍頭。這個世界的全球化，理論上是平順且輕而易舉的，實際經驗上卻充滿不均等、艱辛又耗時。廣告和政治人物不斷告訴我們，現在只存在單一個全球體系，至少就經貿業務而言是如此，但我們日常生活所見到的並非如此。

視覺文化

這本書旨在幫助人們理解這個經歷了劇變、並且仍在持續改變的世界，它是對我們生活在其中的視覺文化的一條指引。和歷史一樣，視覺文化是其學術領域的名稱，也是該領域的研究對象。視覺文化涵蓋我們所看到的東西、我們共有的觀看方式之心智模式，以及我們由此能做些什麼。這是為何我們稱之為視覺文化：這是視覺事物的一種文化。視覺文化並不單純是創造出來讓人看的東西——像是繪畫或電影——的總和。視覺文化乃介於可見的事物和我們賦予所見事物的名稱之間的關係，也涵蓋看不見或被逐出到視線以外的事物。簡言之，我們不單是看存在於彼、讓人看的事物，然後就稱之為視覺文化。更精確地說，我們匯整某種世界觀，它符合我們所知而且經驗過的事物。有些組織試圖塑造所謂的觀點，法國歷史學者賈克・洪席耶(Jacques Rancière)將之稱為「歷史的管制版本」，意指我們被告知「往前走，這裡沒有東西可看」(2001)。但是，那裡當然有東西可看，只是我們往往選擇讓權威組織去處理。只不過如果這時涉及的是一件交通事故，這麼做可能是恰當的。但如果涉及的是整個歷史，我們當然應該加以檢視。

將視覺文化作為一個特定研究區塊的概念最早流傳於較早之前，在我們看世界的方式發生根本的改變之際，那大約是一九九〇年、地球被分成彼此或多或少看不到對方的兩個區塊的冷戰末尾，以及所謂的「後現代」崛起的同時。後現代的事物改變了現代的摩天大樓，使它們從素樸的矩形大廈變成具有俗艷和襲仿特色、饒富趣味的高樓，它們現在普遍出現在世界各地的天際線。城市的樣貌大為改觀。圍繞著性別、性徵和種族等問題形成了一種新的認同政治，使人們以不同的方式看待自身。在冷戰時期、斷然分明的全球局勢之下，政治也較不篤定，人們開始懷疑是否可能有更好的未來。一九七七年，英國正在經歷社會和經濟危機，「性手槍」（Sex Pistols）樂團簡潔有力地將當時的氛圍概括成「沒有未來」。個人電腦的時代開始之際，這些變化更為加速；個人電腦的運用將神祕的神經機械學（cybernetics）世界轉變成個人探索的空間（電腦運作從前即以神經機械學為人所知），科幻小說家威廉・吉布森（William Gibson）在一九八四年將這個空間命名為「網際空間」（cyberspace）。此時，視覺文化突然在學術界崛起，其中混合了對純藝術的女性主義和政治式的批判，以及流行文化和新數位影像的研究。

今天，創造、觀看和散播影像的人正產生出一種新的世界觀，影像數量之龐大和這些人所用的方式是一九九〇年的人從未預期的。現在的視覺文化研究關注在如何瞭解一個過於龐大而無法全觀、但非想像不可的世界中的變化。許多新著作、課程、學位、展覽，甚至博物館都提出必須檢視這番新興的轉變。一九九〇年的視覺文化概念和我們今日的此種概念之間的差異在於：從前人們在特定的觀賞空間——像是博物館或戲院——觀看某個東西，今天則在被影像主導的網路社會中觀看。一九九〇年的時候，你必須到戲院才能觀賞電影（除了在電視重播的電影）、到藝廊才能觀賞藝術，或者造訪某人的家才能看到他們的照片。而今，當然了，我們在線上進行所有這一切，此外，還可以在我們選擇的任何時刻來進行。網路重新分配並且拓展了觀賞空間，但觀看影像的螢幕同時也被不斷縮小，致使觀看品質變差。今天，視覺文化是社會學家曼紐爾・卡斯特爾（Manuel Castells）所謂的「網絡社會」在日常生活中的主要表現，它是社交生活的一個面向，並以電子資訊網絡的型態體現（1996）。不只是網路讓我們能觸及影像——影像更關係到連線或離線的聯網生活，以及我們思考並經歷那些關係的方式。

因此，簡單地說，視覺文化思考的問題就是：如何觀看世界？更精確地說，視覺文化涵蓋如何在活絡改變且圖像數量遽增之際去看世界，其中必然涵蓋許多不同觀點。我們現在生活其中的世界已經和僅僅五年前的世界有所不同。當然，在某個程度上，情況向來如此。但在全球性的網絡社會下，越來越多事物在改變，而且是以空前的速度在變化，甚至在一地發生的改變已經足以影響世界各地。

這本書將不試圖概括可取得的大量視覺資訊，而是提供視覺文化的一套思考工具。它以下列概念作為看世界的方式的核心：

- 所有的媒體都是社群媒體。我們用它們來向他人描繪自己。
- 觀看實際上是來自整個身體、而不只是眼睛的一個感覺回饋系統。
- 相反地，視覺化則運用空中運載的科技，將世界描繪成戰爭的空間。
- 現在，我們的身體是資訊網絡的延伸，進行點擊、連結及自拍。
- 我們從如影隨形的螢幕上處理所見和所理解的東西。
- 這番理解是透過夾雜著看以及學習不去看而來的。
- 視覺文化是我們參與其中的事物、以此作為一種積極促成改變的方式，而不只是一種看發生中的事物的方式。

這本書雖然聚焦在今日，但絕大部分仍關於歷史，因為它追溯今日視覺文化的根源，將之視為一個研究領域、以及一項日常生活的常態。重點再也不是媒體或訊息——在此向馬歇爾・麥克魯漢（Marshall McLuhan）致歉（1964），而是創造和探索視覺素材的新資料庫，加以堪查並找出視覺事物和整體文化之間的關聯，並且瞭解到：我們正學著看的東西最主要是全球性規模的變化。

本書的開頭研究自畫像如何演變成無所不在的自拍。自拍是這個聯網的、都會的新全球年輕文化的第一項視覺產物。因為自拍援引自畫像的歷史，因此它也將讓我們探索大約在一九九〇年興起的視覺文化學術領域的創立。我們看待自己的方式的問題導向我們如何觀看的問題，以及神經科學的過人洞見（第二章）。人類的視域現在似乎就像視覺藝術家和視覺文化學者長久以來認為的那種多面向回饋迴路。眼見不能為憑。「觀看」是我們做的某件事、某種表演，這個表演之於日常生活，就像「視覺化」之於戰爭（第三章）。戰場首先在將軍的想像中視覺化，繼而從空中由熱氣球、飛機、衛星和現在的無人作戰機視覺化。這些世界景觀並非人們直接經驗到的，而是透過螢幕。因此，第四章檢視創造聯網世界的兩個例子：從火車看到的景象和電影的發明；以及今日無所不在的聯網數位螢幕。那些螢幕看似帶來無限的自由，其實卻是縝密控管和過濾的世界景觀。

這些網絡裡的關鍵場所是全球各城市，亦即我們大多數人現在居住的地方（第五章）。在這些龐大、密集的空間裡，我們學習去看、也不去看可能擾人的景象，這是我們每日求生的一環。全球各城市圍繞著它們的前身——帝國城市和冷戰時期的分隔城市——的遺緒而成長，是充滿抹除、幽靈和贗品的空間。全球城市（global city）世界的創造使人付出了巨大的代價。現在，我們必須學習如何看這個改變中的自然世界（第六章）。或更精確地說，我們必須意識到人類已經如何將這個星球變成一個龐大的人造物、或可能存在的最大藝術創作品。

同時，這樣的全球城市也已經變得目無法紀，成為無止盡的動亂之地（第七章）。在此，都市中佔多數的年輕人運用網路連線在社群媒體上標榜著呈現自己的新方式——這使政治的意義正在被轉變，包括在開羅、基輔以及香港等發展中世界的都市動亂，和從蘇格蘭到加泰隆尼亞等已開發世界的分離主義運動。我們是否住在城市中？還是在地區？或是國家？抑或像歐盟這樣的權力陣營？我們如何看待自己在這個世界所居住的地方？

改變的時刻

雖然現在的轉變看起來史無前例，其實可見的世界從前也曾出現許多類似的劇變時期。由於攝影、電影、X光和十九世紀許多其他已被遺忘的視覺科技的發明，歷史學者尚-路易·柯莫利（Jean-Louis Comolli）貼切地將那個世紀形容成「視覺狂熱」（Comolli 1980）。地圖、顯微鏡、望遠鏡和其他設備的發展使十七世紀成為歐洲的另一個視覺發現的時代。我們可以繼續上溯到公元前二五〇〇年的一面泥板上、第一個對世界的宇宙式呈現。但自從個人電腦的運用以及網際網路興起以來，視覺影像的轉變從純粹的數量、地理幅員以及和數位的交集方面都有所不同。

如果從更長久的歷史觀點來看，則可以察覺驚人的改變步調。最早的動態影像由法國的盧米埃（Lumière）兄弟在一八九五年創造，大約逾一個世紀之後，動態影像變得普遍之至，而且容易取得。市面上第一台個人用錄影帶攝影機在一九八五年才出現，是一台扛在肩上的沉重設備，不太適合隨意使用。直到一九九五年，發明出數位錄影帶，家用錄影帶才實際被使用。剪接在當時仍是昂貴而困難的差事，直到像是Apple的iMovie等程式在二〇〇〇年推出時情況才改觀。而現在，你已經可以在手機上拍攝並剪接高畫質影片，並發布在網路上。許多人可以透過第一項真正全球性的媒體——網路來觀看並分享所有這些素材，這種種已超出個人擁有的範疇。雖然仍有更多人口收看電視，但鮮少有人能左右電視播放的內容，而別提要讓自己的影片作品在電視上播出。到了二〇一〇年末，網路將改變我們看待一切的方式，包括我們看世界的方式。

為了瞭解這項差異，我們可以比較印刷品的發行和流通。根據國際教科文組織（UNESCO），在二〇一一年出版了逾二百二十萬本書。一般認為最後一位讀遍所有現有印刷書籍的歐洲人是十六世紀的改革家伊拉斯莫斯（Erasmus, 1466-1536）。在印刷問世以來的漫長時期中，出現了許多其他的出版方式，從文字印刷到出版社，再到自製的冊子以及複印文件。書籍仍然是最足以說服和打動人的形式。然而，書籍出版僅開放給足以說服編輯印製其著作的作者。現在，網路則讓每個能上網的人都能傳播自己的文字，他們所用的方式和正式的書籍出版社並無顯著的不同。甚至在十年前，沒人想像到詹姆絲（E. L. James）自行出版的小說《格雷的五十道陰影》（*Fifty Shades of Grey*）能獲得全球性的成功，藍燈書屋（Random House）出版社的再版銷售量高達逾一億本。視覺影像、尤其是動態影像則以更為快速而且廣遠的方式產生轉變。

即將發生的變化不單是關於數量，也關於種類。出現在新資料庫的所有「影像」——不論是動態或靜態的，都是數位資訊的變化版本。技術上，它們完全不是「影像」，而是運算處理的結果。一如數位學者Wendy Hui Kyong Chun的說法：「電腦確實讓我們『看到』我們通常看不到的東西，或甚至透過視訊聊天而發揮猶如透明媒介的作用，但它不單純是傳達另一端的東西：它進行運算」（Chun 2011）。當超音波掃描機運用聲波來測量一個人的身體內部，機器以數位格式運算出結果，並將之轉化成為我們當作是影像的東西。但這只是一番運算。當你按下現代相機的按鈕時，它仍發出快門的聲響，但再也沒有從前的傳統相機上那個會移動、發出聲響的視窗。數位相機參考了類比式的底片相機，但並非一模一樣。在許多情況中，我們能從畫面中「看到」的東西，卻是我們永遠無法親自以雙眼看見的。我們從照片中所見的是運算，它的創造是透過「以圖磚描繪」不同的影像、並加以進一步處理，以產生顏色和反差。這是觀看由機器促成的世界的一個方式。

從前的類比式照片當然也經過人為處理，不論是藉由編輯或源自暗房的技術。儘管如此，當時仍然有某種形式的光源射到感光的表面上，讓我們可以基於所得到的照片進行修片。數位影像是將從相機感測器輸入的數位信號加以運算的轉化處理。因此，可以更容易快速地修改所得的畫面，尤其現在透過像是Instagram等程式，只要按一下，就能造成特殊效果。這些效果有的是模仿特定相片規格，像是黑白底片或拍立得。其他效果則是模仿從前在暗房沖洗底片時會運用的巧妙技術。

在數位時代的初期，部分人士擔憂人們未來將無法辨別數位影像是否經過人為處理，結果，不論是業餘或專業的人往往都可以察覺。例如，現在大部分的雜誌讀者都假定模特兒和名人的所有照片已經過後製。讀者處在一個彈性的觀看範圍內，在這個範圍中，他們接受照片被調整，只要不過度調整到荒唐的地步。有鑒於人們瞭解一般的廣告照片都經過後製，一些廣告活動現在甚至自詡使用了「真正的」模特兒。在技術層面上，嫻熟的使用者不僅能辨識一幅畫面是否經過後製，還能辨識出後製的方式和所使用的程式。二〇一三年初，美國的大學足球明星球員曼泰．提歐（Manti Te'o）被發現捏造了一則虛構的女友之死的故事，藉此博得同情和矚目。當網路使用者警覺到這可能是造假，便在不到二十四個小時之內就逆向搜尋提歐流傳出來的照片，並發現畫面中的人不是他所聲稱的那個女人。現在，已經有專門用來進行逆向搜尋的網站。也就是說，從前必須請偵探花上幾天或幾星期來做的事，現在只要按幾下按鍵、在幾秒之間就可以完成。

在一九七二年的阿波羅十七號登陸月球任務之際，英國藝術史學者約翰・伯格為英國廣播公司（ＢＢＣ）製作了一個出色的電視節目，名稱為「看的方法」（Ways of Seeing）並伴隨出版了同名的書籍。這兩個計畫皆大獲成功，使影像的概念在大眾之間流傳。伯格將影像界定成「經過再創造或再製的視野」（1973）。他將一幅畫或一件雕塑在此意義上等同於一張照片或一則廣告，藉此而去除各種藝術之間的高低之分。伯格的洞見對視覺文化概念的形成是至要的，在一九九〇年代，對視覺文化有個單純但影響甚鉅的定義，就是「影像的歷史」（Bryson, Holly and Moxey 1994）。伯格本身先前受到了德國評論家華特・班雅明（Walter Benjamin）的啟發，後者在一九三六年所發表的著名文章〈機械複製時代的藝術作品〉（The Work of Art in the Age of Mechanical Reproduction）才被翻成英文不久（1968）。班雅明主張，攝影破壞了獨一無二的影像的概念，因為——至少在理論上——現在人們可以製造並傳播任何照片的無數相同的複本。這在一九三六年已經不是新鮮事，畢竟攝影當時已有將近一世紀的歷史了。然而，雜誌和書籍用來大量複製高畫質照片的新技術，以及各種「talkies」或稱有聲影片的興起，使班雅明確信一個新時代即將來臨。

隨著數位影像和影像製造以令人瞠目的方式興起，看起來我們確實正在經歷另一個這樣的時刻。如今，「影像」的創造、或更精確而言——運算，是一個完全獨立於被看見之前的過程。我們繼續將所看到的東西稱為畫面或影像，但它們的質已經與它們的前身不同。一幅類比照片是以負片沖印而成，負片上的每個分子都對光產生反應。另一方面，即使是最高解析度的數位照片也都是透過將感測器接收的東西加以取樣、並轉化為電腦語言，再運算成某種我們能看見的東西。

再者，我們目前透過網路而經驗的事物是第一個真正集體的媒體——如果你喜歡，可以稱之為某種媒體共有物。如果你只將網路思考成純粹個人的資源是不合理的。你可以作畫，不過不把成品拿給任何人看。但如果你將某個東西放上網路，就表示你想要人們和它產生交集。數位評論家克雷・薛基（Clay Shirky）援引了小說家詹姆斯・喬伊斯（James Joyce）的一句話來領會所產生的結果：「大家都來了」（Here comes everybody）[a]（2008）。這裡的重點不單純是數位共有物的規模，儘管其規模相當可觀。儘管數位共有物的規模相當可觀，但此處探討的重點並不僅限於此。重點當然也不總是我們看到的數位畫面的素質——它們的素質極為參差不齊。重點是這項數位視覺試驗的開放性質。

而那就是為什麼就算網際網路充斥著垃圾，仍是如此重要。網際網路上存在著運用著網路的新的「我們」，異於經歷過印刷文化或媒體文化時期的任何「我們」。人類學家班納迪克・安德森（Benedict Anderson）描述了印刷文化所創造的「想像的共同體」，因此某一家報紙的讀者們會感到彼此之間有某種共通性（1991）。最重要的是，安德森強調國族如何作為這些想像的共同體而誕生，並造成強有力而重大的效果。對視覺文化而言，嘗試瞭解由全球的經驗形式而化為影像、並且想像出來的共同體，也同樣相當重要。連線和離線的這些新興共同體並非總是國族，儘管它們往往是國族主義的。從各種流派的新女性主義到百分之九十九的概念[b]，人們正在重新想像自己如何歸屬、以及歸屬的樣態。

視覺文化一直以來的共通點是：「影像」賦予時間一個可見的形式，並由此賦予了「改變」一個可見的形式。在十八世紀，研究化石和沉積岩的自然史學者有一個驚人的發現：地球的年齡遠比《聖經》記述的六千年高出許多（Rudwick 2005）。博物學者開始計算地球的年齡如何長達幾千和幾百萬年。現在，地質學家將之稱為「深邃時間」（deep time），因為相較於短暫的人類壽命，這種時間的規模相當龐大，但並非無窮無盡。從這個觀點來看，路易·達蓋爾（Louis Daguerre）在一八三九年拍攝的那些最早的照片之一所描繪的是化石，就有理可循了。

首先，化石能在鏡頭前保持不動，相當方便。更重要的，依循法國科學家喬治·庫維耶（Georges Cuvier）的洞見——化石顯現出過去滅絕的物種（1808），是十九世紀自然史辯論中至關重大的角色。當時化石成為與地球年齡相關的漫長戲劇性論辯的焦點，並在查爾斯·達爾文（Charles Darwin）的《物種源始》（*Origin of Species*, 1859）時達到顛峰。這個星球是否如某些基督教機構所主張的，只有六千年的歷史呢？抑或化石顯示了這番歷史長達好幾百萬年？感光媒介——不論是膠捲或數位感測器——暴露在光線下的時間長度決定了一張照片。一旦快門關閉，那個時刻即成為過去。達蓋爾的快門的短暫曝光和幾千年的地質學時間形成極為鮮明的對照，同時展現出人類從此擁有足以保存特定時刻的新能力。

很快地，新工業經濟的需求迫使時間產生第二次改變。從前，時間通常由各地依照和太陽的關係而決定，這代表相隔幾百公里的城市或鄉鎮會採用不同的時間。時間上的差異原本並不重要，直到人們開始必須計算火車如何在跨越長距離之際，仍依循同一份時刻表。我們現在仍然沿用的「標準」時間，同時也是特定時區指明使用的時間，即是為了促成這樣的時間和空間校準而創立。

一八四〇年，英國的大西部鐵路公司（Great Western Railway）首先採行這個標準時間。幾年後，在一八四四年，畫家透納（J. M. W. Turner）創作的出色油畫《雨、蒸汽和速度——西部大鐵路》（*Rain, Steam and Speed: The Great Western Railway*）中，為這些改變賦予戲劇性的視覺形式。畫中的火車朝著觀者衝過來，而觀者的視點似乎懸在半空中。自從馬被馴養以來，運用現代駕駛台的新火車首次改變了時間和速度。火車似乎從漩渦般的雨中竄出，彷彿出自太初的造化——

這也是透納早期作品中的一個主題。一隻飽受驚嚇的野兔跑著穿越鐵軌（在複製畫中難以看出），從形式上象徵了被超越的自然速度。作為現代視覺呈現的最先進形式的繪畫也被超越了。儘管透納才華洋溢，他仍花了兩個星期才完成這幅畫。另一方面，一張照片足以在幾秒之內就改變世界。

就在幾年之後，威廉．基爾本（William Kilburn）在一八四八年為英國憲章主義者在倫敦肯寧頓公有草地（Kennington Common）的會議拍攝了出色的銀版攝影。憲章主義者要求一種新形式的政治代表，讓每個年滿二十一歲的男人（尚不包括女人）都可以投票，而且不論個人財富多寡，任何人都可以成為國會的成員。他們也要求年度議會降低貪汙的可能性。這次集會召開的主要目的是向人們宣告他們遞交給國會的請願書，其中包含他們聲稱的五百萬人為這些訴求背書所做的連署。在達蓋爾的化石照片之後不到十年間，工業世界已經藉由新的時區和攝影，轉變了時間和空間的組織與呈現。這些變化引發人們渴望一個不同的政治代表系統，這個訴求也完全適合於這項新的視覺媒體。

我們正處於另一個這樣的轉變時刻。事件發生之際，人們即可透過網路看到，運用各式靜態和動態影像的部落格、雜誌、報紙和社群媒體，並從林林總總的業餘和專業視角加以呈現。為了獲得資訊，人們付出了許多代價：數位化造就了讓全世界專業人員能夠無時不刻工作的環境，那些生產數位設備以促成新工作制度的中國工人本身卻被要求每天工作十一個小時、必要時還必須加班，平均每個月休假一天，並長期在爭取限制工時的抗爭遭到嚴重的挫敗。各種時基媒體則正在崛起，創造出我們稱為照片或影片的數以百萬計的時間切片，並且出現了如六秒長的Vine一般愈加縮減的形式。人們從十九世紀對攝影的入迷，到今天對無所不在的靜態和動態影像攝影機等時基媒體的入迷，都是人們試圖捕捉變化所做的嘗試。

二〇一一年，藝術家克里斯汀・馬克雷（Christian Marclay）創作了一件精彩的裝置作品，名稱是《時鐘》（*The Clock*）。這件長達二十四小時的作品由多部影片的片段剪接而成，這些片段全都在報時或顯示時間，因此《時鐘》本身就是一個精密計時器。竟然能以關於時間的影片片段剪輯這樣一部巨作，證明了現代視覺媒體是以時間為基礎的。人們會為一幅畫註明完成的年份，但不可能確知這幅畫花了多長的時間完成。從前，一張照片總是屬於一個或許可以、也或許無法確切知道的片刻。今日，數位媒體總是帶有「時間標記」，這也是其後設資料的一部分，儘管這個時間並非以可見的型態錄在影像裡。至少在目前、作為都會式全球空間之里程碑的持續變化的現在，我們似乎使用時基媒體來紀錄以及紓解對時間的焦慮。

從鐵路問世到網路之間的整個加速之中，我們已經在大約兩個世紀，尤其在過去的三十五年中，燒盡了化為化石燃料的幾百萬年有機物質。幾千年就如此蒸發殆盡，破壞了節奏仍極為緩慢的深邃時間。過去需要幾個世紀、甚至幾千年才能發生的事，如今在人類的一生裡就發生了。隨著冰帽融化，數十萬年前仍然結凍的氣體被釋放到大氣中。可以說，時光旅行在現在就像呼吸一樣簡單，至少在分子的層面上是如此。整個全球的系統——從岩石到最高的大氣層都脫節了，而且，即使我們明天中止所有的排放，再過一個超過人類歷史的時間長度也不會改變這個情況。

所有這一切將導致何種局面？現在下定論還言之過早。印刷媒體被發明的時候，人們還無法從最早的出版品想像識字閱讀普及化將如何改變世界。過去的兩個世紀裡，想像太過遼闊、以至於裸眼無法看到的戰場「樣貌」的菁英軍事視覺化技術已經轉變成數億人的視覺文化。這個情況同時是令人困惑、難以駕馭、解放而且令人憂心的。在接下來的章節裡，這本書將對我們能如何組織並瞭解我們視覺世界的這些變化提出建議。我們將探查正在興起的事物、正在式微的事物，以及引發高度爭議的事物。和阿波羅號的太空人不同，我們的雙腳將穩穩踏在地上，但我們要看的東西，將遠遠超出那些太空人所想像的。

a．譯註：典出喬伊斯的文學名著《芬尼根的守靈夜》（*Finnegans Wake*），主人翁名為Humphrey Chimpden Earwicker，簡寫為HCE，綽號為Here Comes Everybody，意思是「大家都來了」，而喬伊斯正是以這個人物代表整個人性。

b．譯註：「我們是百分之九十九」是二〇一一年成立的一個Tumblr部落格的名稱，後來也成為「佔領華爾街運動」的口號，指涉經濟學家裘瑟夫．史迪格里茲（Joseph Eugene）指出的：美國最富有的百分之一的人佔了美國收入的百分之四十。詳見本書的第七章。

第一章
如何看自己

二〇一三年，《牛津英語辭典》（*Oxford English Dictionary*）宣布了年度詞彙：自拍，並將這個詞定義成「一個人替自己拍的照片，通常用智慧型手機或網路攝影機拍攝，並且上傳到社群媒體網站」。不難看出，在二〇一二年十月到二〇一三年十月之間，這個詞被使用的次數比前一年高出了百分之一萬七千，部分原因是Instagram這個用手機分享照片的網站受到廣大的歡迎。在二〇一三年，光是在Instagram，就有一億又八千四百萬張照片標有「自拍」這個關鍵字。自拍是一個顯著的例子，讓我們看到一度只是菁英分子從事的活動如何轉變成某種全球性的視覺文化。在某個時期，只有技藝精湛的少數人能夠擁有自畫像，如今，只要擁有可以拍照的手機就能拍一張自拍照。

自拍之所以引發廣大的迴響，不是因為它是新東西，而是因為它表現、發展、拓展並增強了自畫像的漫長歷史。從前，自畫像用來向他人顯現被描繪的人的狀態。在這個意義上，我們如今所謂的自己的「形象」——我們以為的自己的樣貌，和他人看我們的方式的界面——是全球視覺文化的首要對象。自拍描繪出我們日常表演的戲劇面，和我們不一定能任意表達的內在情緒之間存在著張力。隨著自畫像的拓展，愈來愈多人可以描繪自己。占了今天大多數人口的上網都會年輕人已經改變了自畫像的歷史，將自拍變成這個新紀元的第一個視覺特徵。

現代時期的大多數時候，唯獨有錢有勢的人才可能看到自己的形象。一八三九年，攝影的發明迅速促成了廉價照片規格的發展，使工業化國家的大部分勞動人口都能拍攝人像照和自拍照。在二〇一三年，這兩個歷史交會了。那一年的十二月十日，在納爾遜·曼德拉（Nelson Mandela）的喪禮上，丹麥首相赫勒·托寧-施密特（Helle Thorning-Schmidt）拍了一張自拍照，畫面包括美國總統歐巴馬（Barack Obama）和英國首相大衛·卡麥隆（David Cameron）。

雖然一些時事評論家質疑在那個時刻是否適合自拍，這張照片仍然標誌出人們的關注從過往有著僵硬姿勢的正式攝影，開始轉移到當今流行的規格。雖然托寧-施密特並未將所拍的這幅自拍影像提供給媒體，她拍這幅自拍之際的照片卻在全世界重覆刊印。僅僅幾個星期之後，在二〇一四年的奧斯卡頒獎典禮上，全世

圖七　托寧－施密特、歐巴馬和卡麥隆拍攝自拍照

界最知名的演員們為了進入布萊德利・庫柏（Bradley Cooper）的自拍畫面中，聚在艾倫・狄珍妮（Ellen Degeneres）身旁，這幅自拍照成為至今最熱門的推文（也被稱為「有史以來」最熱門的推文）。自拍融合了自我形象、作為英雄的藝術家的自畫像以及現代藝術的影像，後者產生某種數位表演的效用。自拍創造了將視覺文化史思考成自畫像歷史的一種新方式。

帝王般的自我

自畫像、機器的影像和數位之間的這些交集其源頭來自藝術史，我們可以加以追溯。西班牙畫家狄耶戈・維拉斯奎茲（Diego Velázquez）的經典畫作《宮女》（*Las Meninas*, 1656）將帝王威嚴的光環連接到自畫像的光環。這幅畫作是圍繞著藝術家自畫像的一整套視覺的雙關物、巧妙安排和表演。

看著這幅畫，我們看到維拉斯奎茲站在我們的左手邊，他的手中握著畫筆。他正在塗繪的畫布擋住了我們的視線。在畫面的前景，我們看到作品標題所指的宮女、正在服侍的女子，她們是身穿白色服裝的小女孩的侍女。這個女孩是公主、西班牙的菲利浦四世（Philip IV）的女兒，被稱為「君王之女」（Infanta）。我們立刻注意到，畫面中幾乎每個人都看著某人或某個東

圖八　維拉斯奎茲《宮女》

西，他們所看的對象顯得似乎位於觀者所處的優越觀看位置。

隨著我們將視線投向這幅畫的背景，會看到這群主要人物後面牆上的一幅畫裡的兩個人像。這幅畫比牆上懸掛的其他幽暗畫作明亮許多，我們於是推斷它是一面鏡子。實際上，它豈不是反映出畫中的人正在看的對象？而且這兩個人非比尋常，他們是國王和皇后，也因此，每個人看起來都彷彿在原地定住不動。

法國哲學家米榭・傅柯（Michel Foucault）在其著作《事物的秩序》（*The Order of Things*）中，有一篇針對這幅畫作的著名分析，其中描述這幅畫不只描繪了能從畫中看到的東西，更能從畫中看出呈現階級劃分的社會及其欲呈現的特有手段（[1966] 1970）。這幅肖像的主題是：因國王在場而構成的階級區分來描繪生物的特殊方式，從畫面前景的狗、到身為宮廷弄臣的那個「侏儒」、那些宮廷女侍和其他貴族成員、這位畫家以及皇室成員。傅柯的切入方式繼而助長啟發了當時所謂的「新藝術史」，以及後來所謂的視覺文化的概念。傅柯指出，所有人看向的地方是中心，因為國王在那裡。他提到：

> 它就畫面所達到的三重功能。因為，在畫中，正在被畫的模特兒的注視、正在凝視畫作的觀者的注視，以及正在繪製畫作的畫家的注視精確地彼此交疊。[1]

鏡子映現畫中的畫家正在畫的模特兒們。它也透過暗示、使真正的維拉斯奎茲作畫時所在的地方變成可見的。而這個位置和我們現在所站、觀看完成的畫作的地點相同。傅柯評論道：

國王和他的妻子統御的那個空間也恰如其分地屬於藝術家及觀者：在鏡子的深處，也可能顯現——必定要顯現——不知名的經過者的臉以及維拉斯奎茲的臉。[2]

因此，「鏡子」並未依照視覺法則、但卻恪守「君王」（Majesty）的法則，就像這幅畫本身亦然。在十七世紀的時期，歐洲各地的君主聲稱他們具有專制（Absolutism）的權力。也就是說，他們不只是人。國王是神在世界上的代表，就像他們在加冕典禮時被祭司抹油所象徵的。結合了世俗和宗教權力的專制君主斷言自己具有至高無上的權力，這番權力以他們的人為中心。

那麼，應該如何呈現國王，以傳達出這種權力的概念？並非每個恰好身為國王或皇后的人都令人敬畏。即使是最有力的人都有軟弱、生病和衰退的時刻。有鑒於國王個人是有缺陷的，歐洲皇族想出了一個概念，稱為「國王的身體」，人們稱之為「君王」。「君王」不睡覺，不會生病或變老。「君王」透過視覺被傳達出來，但人們並未看到它。任何貶抑「君王」的行為都是一種罪，在法文稱為lèse-majesté，意指「違逆君王」，人們可能因此遭到嚴厲懲罰。甚至，將寫著國王名字的紙片揉掉都變成一種冒犯的罪行。對君主作出身體攻擊的人會遭到令人瞠目結舌的公開懲罰，因為那是對國王或皇后本人、以及對「君王」制度的雙重攻擊。

這番權力充滿在整幅《宮女》之中，使國王形象成為至少和國王本人平起平坐，或以某些方式凌駕了後者。這幅畫也透過聯想，而就藝術家的權力提出一整套要求。就如我們已經看到的，這片「鏡子」在視覺上並不準確。像是裘耶．斯耐德（Joel Snyder）等藝術史學家指出，這幅畫中的透視匯聚之處實際上並不在那面鏡子，而是在我們面對畫面時、站在鏡子右邊的敞開門道的人的手臂上（1985）。雖然這番景象看起來展現了一面反映出國王的鏡子，但實際上展現的是鏡子反映出的維拉斯奎茲所畫的菲利浦國王肖像。可能維拉斯奎茲的透視並非那麼準確，或者他想為這幅畫的觀者營造一個視覺陷阱。不論你怎麼認為，這面「鏡子」都顯現出觀者通常無法看到的某個東西，這個東西或者是這位藝術家正在繪製的畫——就如斯耐德的說法，或者是站在那幅畫前的國王和皇后——就如傅柯的說法。

這面鏡子的呈現有誤，但它也顯現了一個可能的世界。《宮女》同時從實際上和隱喻上強烈主張藝術家具有權力，這件作品的出色技巧讓人明顯看出這位畫家足以達到其他畫家望塵莫及的成就。僅僅二十年前，維拉斯奎茲還必須為藝術創作繳稅，稅的種類和鞋匠為所製造的鞋子繳的稅相同。在這幅畫中，維拉斯奎茲則透過暗示及描繪，宣稱藝術具有「君王」的權力。他也在自己的服裝上放了一個紅色十字架，象徵了他要求自己也具有尊貴的地位——在他能夠於真實生活中實際要求成為一名貴族之前。在今天，繪畫以幾百萬、甚至幾億的價格賣出已司空見慣，而藝術家的菁英地位也被視為理所當然，但當這概念首先出現在現代世界的帝國時，仍然頗為新穎獨特。

《宮女》巧妙鋪排我們所能看到和看不到的東西。它讓人看不到西班牙君王其勢力和權威的根源，也就是遍及美洲各地的王國。法國專制國王路易十四（Louis XIV, 1638-1715）娶了在《宮女》中所見的「君王之女」的同母異父的姊姊，在他的「珍奇百寶屋」（Cabinet of Wonders）裡有一面黑曜石鏡子，據說是由他從阿茲特克末代君王——蒙特蘇馬二世（Moctezuma II，在位期間為1502-1520）本人那裡掠奪來的。黑曜石是由冷卻的熔岩形成的物質，它是黑色的反光物質。曾經以這種黑鏡子創作的墨西哥藝術家佩德羅．拉區（Pedro Lasch）強調：「在前哥倫布時期的美洲、就像在許多其他的文化中，黑色鏡子通常用於占卜……阿茲特克人直接將黑曜石和特斯卡特利波卡（Tezcatlipoca）這位戰爭、巫術和亂性的亡命之神聯想在一起。」[3] 如果在歐洲，鏡子的影像是權力所在之處，但在美洲，鏡子的影像除了融合種種帝國聯想之外，還加入了暴力、性的曖昧和述說故事。

在和歐洲人交遇之前的美洲及中世紀的歐洲，鏡子是占卜之處，算命師在此道出命運，人們也可以在此接觸死者和其他幽靈。簡言之，鏡子是介於過去、現在和未來的視覺橋樑。

於是，專制時期（1600-1800）的皇家肖像從來都不只是一幅影像，國王的個人肖像也描繪出國王的帝王威嚴，或者「呈現」本身的權力。藝術家的自畫像作為一種聲言，宣稱藝術是貴族的作為，而不是工匠從事的活兒。這面鏡子或是反映出真正的國王和皇后，或是反映出為國王畫的肖像。或者，在某種不很精確、但還是完全可理解的意義上，它同時反映出這兩者。那面黑鏡子和以不符視覺原理的方式畫的鏡子向我們顯現事物目前的狀態，但也是通往過去和未來之處。這些映像和畫面結合了戲劇、魔法、自我型塑以及政治宣傳這些維繫皇室權力的關鍵。

圖九　佩德羅・拉區（Pedro Lasch）《流體抽象》（*Liquid Abstraction*）

肖像和英雄

當昔日的君王政體在可被視為「革命」時期（1776-1917）的漫長期間潰敗，某種新的「對視覺事物的狂熱」伴隨了社會轉型，並且是轉型的一部分（Comolli 1980）。在這整個時代，像是平版印刷等新媒材的了不起發明，以及尤其是我們稱為攝影、人像照和自拍像的各式各樣的工序似乎革新了視覺的事物。視覺媒體大眾化了。在此之前，一般人通常在教堂裡、硬幣上、遊行中或在嘉年華會看到視覺的畫面。到了十九世紀中期，出現了新的美術館，發行了配圖的報章雜誌，而且可以買到名片般大小的平價照片。人們想像出新的存在方式，並透過視覺予以呈現，這包括現代的藝術「天才」——幾乎是男性、但也包含女性藝術家。英雄般的藝術家擷取國王（或皇后）的一部分光環，並轉移到他——或她——自己身上。進到現實世界的自畫像成為英雄的畫像。

在專制末年，這番新秩序已經崛起。御用藝術家伊麗莎白．維傑-勒布倫（Élisabeth Vigée-Lebrun）為法國皇后瑪麗．安東妮德（Marie Antoinette）畫了幾幅肖像，也畫了一些自畫像。引用約翰．伯格的說法——你能看出哪一幅畫的誰是誰嗎？

兩個女人都從畫中直接看往畫外的觀者，背後是疏鬆的筆觸、非具象的刷淡背景。兩個

圖十　維傑－勒布倫（Vigée-Lebrun）《瑪麗．安東妮德》（*Marie Antoinette*）

圖十一　維傑－勒布倫《維傑－勒布倫女士和女兒茱莉》（*Madame Vigée-Lebrun and Her Daughter Julie*）

女人的衣著都很時髦，屬於當時流行的寬鬆風格，並繫著精細描繪的腰帶，彰顯出藝術家的技巧。或許，維傑-勒布倫和小孩的隨意姿態讓我們看到了她的《和女兒的自畫像》（*Self-Portrait with Her Daughter*, 1789）畫中的自己。瑪麗·安東妮德的這幅肖像（1783）則恰因為它的不正規，淪落成人們非議的話柄。同時，維傑-勒布倫透過如此模糊皇后和藝術家之間的差異，主張兩者之間在某個新層面上是平起平坐的。

蘿茲卡·帕克（Rozsika Parker）和葛莉絲爾達·波洛克（Griselda Pollock）在她們的經典論文——《古代女大師》（*Old Mistresses*, 1981）中，探究了女性藝術家的歷史，「古代女大師」這個標題是「古代大師」（Old Masters）這個片語的雙關語，用來指昔時的卓越藝術家，並暗示這樣的藝術家是男性。維傑-勒布倫和女兒的自畫像引發了特定的議題，因為根據當時的成見，人們甚至認為女人不應該當藝術家，所以，女人所畫的呈現女藝術家的畫代表了雙重的違抗。帕克和波洛克描述，在維傑-勒布倫的《自畫像》中：

> （這幅畫的）創新在於它凸顯世俗和家庭的面向，「聖母瑪莉亞和孩子」這個傳統圖像被母親深情擁抱的女孩所取代。這幅藝術家和女兒的畫像闡揚那樣的女性概念，強調她是個母親。[4]

維傑-勒布倫援引了聖母瑪莉亞和聖子耶穌的基督教畫面，並賦予它某種世俗而當代的詮釋。特別是當這位藝術家和她的女兒都自信地看往畫面外的我們，有別於拉斐爾（Raphael）等藝術家的繪畫中，聖母瑪莉亞都傳統地垂下目光。不過，一如帕克和波洛克所指出，其中仍有著兩難。那個時期的女性通常將孩子交給褓姆，維傑-勒布倫的畫則歌頌了她身為母親的角色，但從我們的角度看起來，這幅畫面仍像是某種陳舊的刻版印象。女性作為壁爐旁的家庭守護者，她們照顧小孩，但不活躍於專業項目——這個約束性的教條實際上是十九世紀創造的。對於試著跳脫貝蒂．弗萊丹（Betty Friedan）的絕佳說法——「女性迷思」（1963）的現代女性主義者來說，乍看之下，勒布倫似乎大同小異。但必須藉由帕克和波洛克對時代背景和細節的入微關注，才能以不同的方式來看她的作品。

如果在十九世紀，人們將女人視覺化成家庭的幫手，則和她們對應的就是理想化的「偉大男人」或者英雄，就像歷史學家湯瑪斯．卡萊爾（Thomas Carlyle）所構想的。在卡萊爾的看法，他在一八四〇年寫道：「偉大的男人開創歷史」（Carlyle 1840）。藝術家也以不同的方式將自己想像成英雄。現代的藝術家英雄看起來是什麼模樣？一八三九年，法國的路易．達蓋爾和英國的威廉．亨利．福克斯．塔爾博特（William Henry Fox Talbot）終於創造出「定影」的照片，意指感光表面的影像持續維持可見，而不會黑掉。另一位法國攝影師——希波利特．貝亞德（Hippolyte

Bayard）此時也發明了一種攝影工序。因為人們將攝影的發明歸功於貝亞德的同行——達蓋爾，使貝亞德注定成為攝影史上被忽略的人物，但我們或許仍可以認為他在《溺水者自拍像》（*Self-Portrait as a Drowned Man*, 1839-40）中發明了自拍，此外，他也發明了假造攝影，因為他實際上當然並沒有死。

貝亞德就像在他之前的許多浪漫派英雄，仿效詩人歌德（Goethe）極為成功的一七七四年小說《少年維特的煩惱》（*The Sorrows of Young Werther*）中自殺的主人翁維特的例子，貝亞德自稱他寧願死、也不要蒙受恥辱。他的照片是作家阿蕾拉・亞祖蕾（Ariella Azoulay）所謂的「事件」（2008）。這張照片預設，看過這張照片的人能就拍攝者的自殺而想像某種英雄的故事，

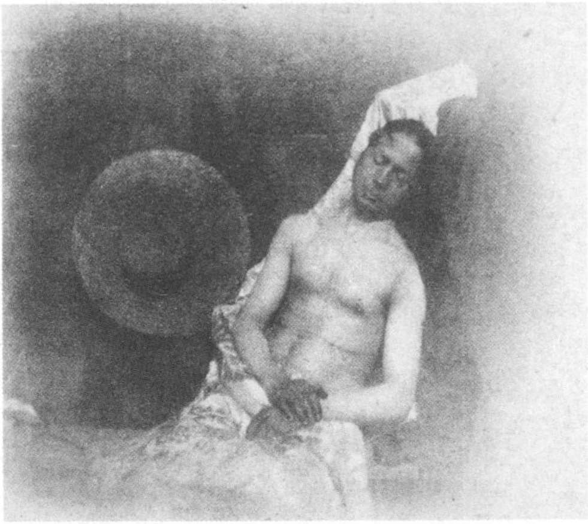

圖十二　貝亞德《溺水者自拍像》

並明瞭自殺者的失望。有些人甚至認為貝亞德真的死了，還說他雙手和臉上的黑色皮膚是因為溺死、而不是太陽曝曬所致。

畫家古斯塔夫．庫爾貝（Gustave Courbet）在其自畫像《受傷的男人》（*The Wounded Man*, 1845-54）中，援用了藝術家自殺的概念。因為他當時也住在巴黎，所以他很可能看到或聽說了貝亞德的照片。在這幅畫中，看得出來藝術家用劍刺殺了自己，但仍花了點時間將那支劍放回他身後倚靠著的樹上。當然，我們再也不該以這種寫實的方式來思考這幅畫，也不應這樣思考貝亞德的照片。馬歇爾．麥克魯漢後來提出：新媒體從舊的媒體取得內容，就像電視改造了舞台劇，進而創造電視連續劇（1964）。在此，新的媒體卻似乎影響了舊的媒體。庫爾

圖十三　庫爾貝《受傷的男人》

貝適時地從法國鄉下搬到巴黎、之後適逢他支持的一八四八年的多場革命。一八五五年，革命失敗了，而自殺或許是真正的革命者唯一的選擇。庫爾貝在那一年的個展發布了一份宣言，宣告：「藉由瞭解而能夠行動——這是我的想法」。從這個觀點，繪畫就像攝影，它也描繪理念並且導向行動或者事件。對貝亞德和庫爾貝而言，藝術家都是英雄、足以創造事件的人，儘管必須為此賠上自己的性命作為（虛構的）代價。

這個概念很吸引人。藝術史學家克拉克（T. J. Clark）在一九六八年的多場革命之後所寫的著述中，採用庫爾貝為例，來說明他所謂的「當政治藝術和大眾藝術似乎可行的時候」。他強調庫爾貝的政治參與以及大眾媒體對其繪畫的影響，主張大眾藝術顯現出「一個社會局勢的本質」。就像帕克和波洛克的論著的情形，克拉克的觀念如今如此地廣受採納，以至於很難領略當他的著作《人民的形像》（*The Image of the People*）在一九七三年首次出版之際，其切入方式是多麼創新。藝術史學家們後來開始將大眾版畫、照片和其他大量產生的視覺素材與繪畫和雕塑並列觀察，這種研究方法以社會藝術史為人所知。在後來的二十年裡，社會藝術史和視覺文化研究緊密地攜手合作，視覺文化後來在一九九〇年左右才變成一個獨立的研究領域，而主要原因是數位媒體的興起。

人們之所以如此區隔學科的另一個理由是：某個特定時刻的本質是什麼愈來愈難以斷

定——援用克拉克的說法。藝術和人文學科從一九六八年以來的轉變肇因陸續有一些群體指出自己遭到忽視、主張必須將其利益納入考量。人們於是回顧歷史紀錄，發現這個群體一直存在著。在此舉法國印象派畫家亨利．德．圖盧思-羅特列克（Henri de Toulouse-Lautrec）的一幅自畫像為例，人們通常對他描繪巴黎夜生活的作品較熟悉，不過我們亦可從他身為殘障藝術家的角度來瞭解他的作品。他的《鏡前的自畫像》（*Self-Portrait Before a Mirror*, 1882）挑戰了這個繪畫類型的成規及其詮釋。

圖盧思-羅特列克在這幅畫中刻意不採用傳統自畫像的作法，而只運用鏡子來畫出他在鏡中的映像。跟維拉斯奎茲那幅畫的情形不同，圖盧思-羅特列克在這幅畫中運用映照出的燭臺讓人不用懷疑這是鏡子還是窗戶，顯然圖盧思-羅特列克就是希望我們能夠辨識出這是一面鏡子。

這幅畫同時隱藏也顯現了藝術家。藉由運用擺在壁爐台上的鏡子，他只向我們顯現頭和肩膀，這個設計可能是用來隱藏他的殘障，因為圖盧思-羅特列克雖然具有成人的上身軀幹，卻是小孩的雙腿，這是他在童年時發生意外或先天疾病所致。他將《自畫像》中自己的身影描繪成只是伸到鏡子裡，並讓鏡子的上半部空著，向觀察力敏銳的觀者暗示他很矮小。他也可能為了佔滿整個「螢幕」，選擇調整了一下他所看到的東西，就像今天的演員或政治人物站在台子上好讓自己顯得更高。對主流群體來說，鏡子通常是用來確認的所在（site）（以及看起來的模樣

圖十四　圖盧思－羅特列克（Toulouse-Lautrec）《鏡前的自畫像》（*Self-Portrait Before a Mirror*）

〔sight〕），但對於外觀不同或感到自己異於常人的人來說，鏡子可能是創傷的所在。圖盧思-羅特列克的自畫像正視著自己這番模樣，但並未讓自己淪為「畸形秀」（freak show）的對象——我刻意使用「畸形」這詞，因為在他的年代，殘障人士確實被當作「畸形者」展示給觀眾付費觀看（Adams 2001）。圖盧思-羅特列克拒絕滿足這種窺視的觀看欲望，但也並未扭曲他異於常人的事實。這是一種不同的英雄主義，而且對他人來說，是無法一眼看出的。

後現代主義的多重自我

在一九七〇年代晚期，一個新觀念開始在歐洲和北美的知識分子界和藝術圈流傳。原本由英雄式的藝術家、截然分明的政治分野及工業經濟的急劇擴張所界定的現代時期似乎結束了，而從法國哲學家尚-馮索瓦·李歐塔（Jean-Francois Lyotard）等思想家開始，藝術家和作家們開始思考某種「後現代情境」（1979）。在那個時候，有兩種瞭解後現代主義的方式，一種觀點將之視為和現代事物的某種斷裂，並且可以明確定出日期；另一個較為普及的觀點認為，現代主義一直都具有某種「後現代」面向、質疑著現代主義的必然性。「後現代的」現代藝術家的首要例子是馬塞·杜象（Marcel Duchamp），他取用單車輪胎或尿盆等量產的物件，將它們裝置在藝廊或展覽中，然後將所得的結果稱為藝術。換言之，藝術可以是任何想當藝術家的人稱為藝術的任何東西。藝術到底是由個人技巧還是才華所產生的，都不是重點。杜象將這些結果稱為「現成物」，其中最著名的或許是《噴泉》(*Fountain*, 1917)，由一個尿盆構成，尿盆的背部立在地上，上面並簽著「R. Mutt」的字樣。藝術家再也不是英雄。

杜象創作《噴泉》時，第一次世界大戰摧殘了歐洲，造成數百萬人喪生。俄羅斯帝國在革命中瓦解，建立了蘇聯。毋怪乎杜象等藝術家認為局勢改觀了。這場戰爭甚至造成了一連串新的心理疾病，人們因而創造了「彈殼震盪」(shell shock)這個新詞，其病患似乎一再經歷某個創痛的時刻，或者即使他們的眼睛並

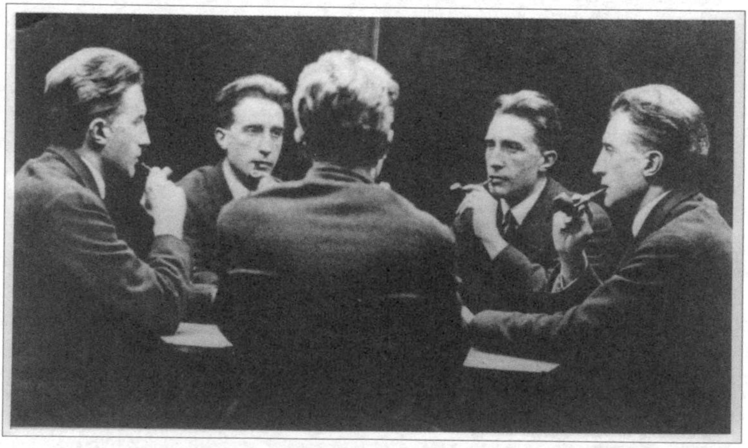

圖十五　杜象《五面鏡自拍像》(*Self-Portrait in a Five-Way Mirror*)

未受傷、卻變得盲目等等。「自我」看起來再也不那麼安穩。或許每個人的內在具有一個以上的自我。一九一七年，杜象發展這個概念，而在紐約市百老匯的一家商店創作一幅新的現成物肖像。運用一面鍊接的鏡子，藝術家在這個拍照間創造出五面的肖像，並沖印出三張。

這對杜象來說是絕佳的表達方式。它在視覺上饒富趣味，但蘊含嚴肅的寓意——杜象並不將自己視為單一的自我，而是多個自我。英雄式的現代藝術家單純描繪自己的形象，後現代藝術家卻將自己作為最主要的探究主題。這也不是僅此一次的重做（remake），而是可以反覆重做。這不是事件，而是表演。

杜象持續圍繞著其自我形象做實驗。他和朋友曼·雷（Man Ray）共同創作了一幅自拍像，他並以自己的他我——蘿絲·瑟拉薇（Rrose Sélavy）現身。若要瞭解這個雙關語，你必須用法文腔調唸這個名字，它會變成：Eros, c'est la vie，意指「愛就是生命」。

杜象似乎試著清楚指出蘿絲·瑟拉薇並非他的「真正」身分，並為這幅自己的肖像做了幾種截然不同的版本，此處呈現的版本或許是最女性化的，照片中的主角以上流社會人士肖像或時尚插圖的樣態現身。就像所有的扮裝者，這幅肖像也暗示著：性別是一種表演。就像觀看，性別也是我們做的某件事，而不是天生不可改變的東西。蘿絲·瑟拉薇看起來女性化，是因為她的衣著、化妝和珠寶、以及她營造體態的方式。法國作家西蒙·德·波娃（Simone de Beauvoir）

圖十六　曼・雷（Man Ray）《以蘿絲・瑟拉薇現身的馬叟・杜象》（*Marcel Duchamp as Rrose Sélavy*）

在其經典研究《第二性》（*The Second Sex*, 1947）中有力地寫道：「一個人並非生為女人，而是成為女人。」[5]

如此公開主張女性主義和酷兒身分正是我們所做的、因而能改變的事，並結合大量製造個人影像的技術及個人電腦運用的興起——這成為創立視覺文化領域的至要關鍵。我們必須知道這些介面後來在所謂的後現代時期（1977-2001）具有多麼強的轉變效應，它們遠非只是負面的批評，更啟發了一些出色的創意成就，像是紐約藝術家辛蒂・雪曼（Cindy Sherman）的作品，她對女性主義的意識、結合其DIY攝影美學，影響了一個新世代的藝術家、作家以及學者。她在藝術界被公認是「圖像世代」（Picture Generation）的一分子，其作品過去在視覺文化研究上也很關鍵。

雪曼在紐約州的水牛城（Buffalo）念研究所的時候，就多次拍攝自己，並以變化多端的各種姿勢和樣態入鏡，以此探索我們如何造成自己和自己的性別。在目前由紐約的現代藝術館（Museum of Modern Art）收藏、雪曼以《無題電影停格》（*Untitled Film Stills*, 1977-80）為標題的早期經典系列中，駁斥女性被建構作為男性的慾望對象。在好萊塢電影的全盛期，人們用電影劇照作為宣傳新片的一種形式，將之展示在戲院外面或用在印刷品上，作為廣告或影評的配圖。以前的影迷還會像棒球迷收集棒球卡一般收集這些劇照。在一九七七年，攝影棚內拍攝的經典好萊塢電影已經讓人覺得過時，於是雪曼的作品實際上是將那個時候和女人只是注定「被注視」的時候（Berger 1973）區隔開來。她創作了一大批黑白照片系列，拍攝不同裝扮、化妝和情境中的自己，探索電影如何注視女人。

雪曼展開其計畫之際，恰是影評人蘿拉・莫薇（Laura Mulvey）在一項經典好萊塢電影研究中創造「男性注視」這個說法（1975）之後兩年。莫薇瞭解到注視（亦即占優勢的觀看方式）成為電影的一部分，這可以是演員的注視，也可以是媒體本身的一部分。莫薇指出，電影中的男性角色是「主動將故事往前推進，促成事情發生」，並且補充，故事中的男人「控制電影的幻想，而且也在更深層的意義上顯現為權力的代表：他乃作為帶有觀眾目光的人」。[6] 男人透

圖十七　雪曼（Sherman）《無題電影停格》（*Untitled Film Stills*）

過男性主角的眼睛觀看行動，而女性也被迫這麼做，這是一種強制的性別操控形式。電影式的注視也是「我看到自己在看自己」的一種演出，那種我們有時覺得有人在看自己的感覺，即使我們無法實際看到在看我們的人。對莫薇和其他女性主義者來說，女人一直在經驗她們如何觀看和行動的相關處境裡。雪曼透過將電影凝結成定格，並促使我們思考自己如何及為何在看或被看，讓我們看到這樣的演出。

讓我們仔細觀察這個來自一九七八年的例子，可以明顯看到雪曼多麼嫻熟地打造影像。從低處拍攝的攝影機角度造成彷彿是我們在看畫面中的女人（總是辛蒂．雪曼本人），但她並沒有看著我們。她顯得孤立而且受困在周遭的都市景觀中。雪曼運用劇烈的側面打光以及近距離對焦，使自己的身體從周圍環境中凸顯出來。如果她直視攝影機，會讓她的姿態看起來是充滿自信的，但她的目光卻投向一旁、朝向我們看不到的某個東西。她的嘴唇微微張開，帶著威脅和不安的感覺。在經典好萊塢的場面調度（mise-en-scène，個別鏡頭以及影片整體氛圍的營造）中，受害者總是像這樣孤立著，然後遭到暴力相向。所以一開始，我們不禁為這個女人憂慮，接著，我們明白是雪曼自己打造了這個場面，她以此讓我們意識到電影如何將女性描繪成被玩弄的對象，而不是把自己呈現為受害者。透過反向操控，雪曼及其世代的許多其他藝術家，像是芭芭拉．克魯格（Barbara Kruger）及薛莉．勒薇（Sherrie Levine）都主張想做自己的權利。她的照片重新搬演（re-perform）了女人被呈現的方式，藉此探討女性的日常生活實際經驗。

自拍的攝影肖像也可以記錄下發生的事情。在和雪曼的角色扮演相對的一個例子中，紐約的攝影家南・戈丁（Nan Goldin）多年來持續這樣的札記，記錄下一九八〇年代的紐約和她激進又另類的非主流文化圈。那個時期PowerPoint尚未問世，戈丁會在黑暗的房間裡，用幻燈片輪播放映機、以幻燈秀的形式展現她的照片。伴隨「地下天鵝絨」（Velvet Underground）的樂曲及其他鬧區流行的熱門曲目的表演會持續大約一小時，讓觀眾沉浸在戈丁生活的某種視覺敘事中。接著，觀眾會認出她的朋友們和男朋友，於是她將自己在一九八四年拍的、臉上帶著明顯瘀清的照片秀出，給觀眾一次視覺震撼。第二項震撼來自照片的標題：《被重毆後一個月的南》（*Nan One Month After Being Battered*）。

她在照片中的臉看得出來受到嚴重傷害，而我們後來才從標題明白這已經過了一個月的恢復期，想必最初的暴力一定極為駭人。戈丁希望我們可以描繪自己，但這不表示我們能保護自己。

有一支後現代藝術和思想側重於現代消費社會的假象，像戈丁這樣的作品則啟發了一個新世代的藝術家和作家，使他們聚焦於人們如何在日常生活中經驗到性別、種族和性。一言以蔽之：這些都關乎表演。依照學者理查・謝喜納（Richard Schechner）的著名定義，表演是「二度演出的行為」。[7] 謝喜納主張：人類活動的所有形式都是一種表演，由我們過去曾經採取的行動組成，來創造出一個新的行動。一項表演可能是一件藝術品，可能是廚師煮一道菜，或理髮師剪頭髮。或者，另一方面，表演也可能是不論什麼人對日常生活中的性別、種族和性的演出。

讓對方蒙上陰影

這種具備表演性質的視覺文化在美國浮上檯面是在一九九〇年，從前衛界延伸到學術界以及主流領域。首先，珍妮・利文斯頓（Jennie Livingston）的出色紀錄片《巴黎在燃燒》（*Paris Is Burning*, 1990）讓藝術電影的觀眾接觸到紐約

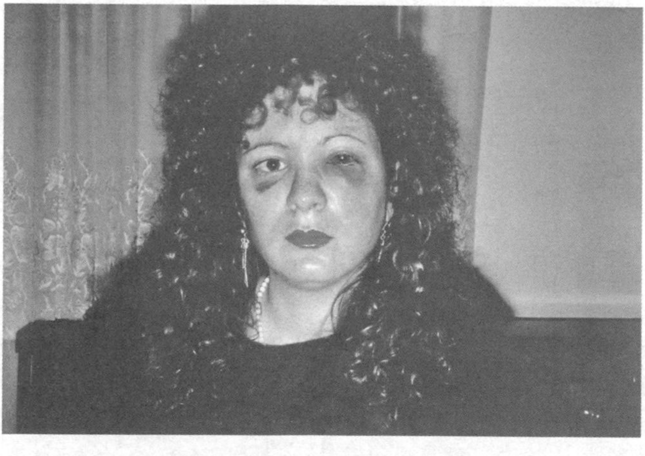

圖十八　戈丁《被重擊後一個月的南》

哈林區（Harlem）的酷兒風尚舞（voguing）風潮這種次文化。當流行女星瑪丹娜（Madonna）於同一年在熱門歌曲《風尚》（*Vogue*）刻意放電的音樂錄影中，採取了這個風格，全球媒體的觀眾都看到何謂「故作姿態」。哲學家茱蒂絲．巴特勒（Judith Butler）也走類似的路線，出版了《性別風波》（*Gender Trouble*）這部經典著作，顯示扮裝者如何將性別本身展現為一種表演（1990）。而在美國及英國，羅徹斯特大學（University of Rochester）和密德薩斯大學（Middlesex University）首次提供視覺文化領域的學位。

風尚舞是非洲裔美國男同性戀和拉丁男性在哈林區所舉辦的舞會裡創造的一種舞蹈形式。這些舞會融合了舞蹈和表演，參與者以「走步」（walk）來競逐獎項。根據《巴黎在燃燒》片中的表演者多利恩．柯瑞（Dorian Corey），這些舞會最初只有扮裝皇后出場，後來擴展到電影和電視明星等分類，甚至所有「真實生活」裡看得到的各式分類，最後還納入了軍方人員、主管和學生。人們覺得所有這些類型都是令人嚮往的存在方式或職業，但卻不開放給有色男同性戀者。（「酷兒」當時尚未變成正面的詞，但也是在一九九〇年，激進團體「酷兒國族」（Queer Nation）成立了）。這種表演是為了表現「真實感」，意思是指：如果你離開舞池、在外面的公開場合，仍會讓人以為你真的屬於所代表的某個類型。舞會和真實世界相反，在這個意義上，舞會反而是真實世界的鏡子，其中，非洲裔美國男同性戀和拉丁美洲男人占著上風，在他們的舞廳裡揚眉吐氣。

一九八〇年代，風尚舞在舞廳興起。這是一種競爭性的舞蹈形式，運用定住不動而誇大的姿勢、搭配當時的浩室(house)音樂節奏。在早先的風格中，走步者試圖從對手身上找到「破綻」(read)，也就是他們在服裝或外表上的缺陷。《巴黎在燃燒》片中的「破綻」涉及一場爭論，關於一個屬於高收入男性類型的走步者是否使用女人的外套，並因此失去競賽資格。在舞廳裡，被看穿破綻就是失敗。換言之這是讓人用他們想看你的方式、而非以你想看自己的方式來看你。你單純想呈現出你想呈現的樣子。簡言之，就是要讓你的表演成功到讓人看不出這是表演，「破綻」所暴露的則恰好相反。

相反地，風尚舞讓你用不同的眼光看自己。就如風尚舞者威利・寧加(Willie Ninja)在這部電影中表明的，這種表演可能包含啞劇，其中，舞者從「鏡子」裡端詳自己的外觀，然後將那一面(不存在的)鏡子照向對手，讓他們看到自己多麼相形見絀。寧加的風尚舞開創了當時所謂的「陰影」(shade)，指使你在鏡中看到你在看自己。這個舉動更具毀滅性，因為你會信以為真，不過，其實你可以否定「破綻」，在這部片中就可以看到有人這麼做。「破綻」和「陰影」都是注視的操作，但又有所不同，或者以我們現在可能會用的說法——它們是帶有酷兒色彩的。異於在男性注視中，男性的性質端視生殖器官的差異而定，在此，則是自願採取特定的性別，然後加以演出。這些男人中，有的採取女性角色、有的採取男性角色，還有一些採取風尚舞者的角色。

《巴黎在燃燒》這部片讓我們看到，當注視是由有色人種所運用、而且帶有酷兒色彩，會發生什麼情況。不論你喜歡與否，瑪丹娜的暢銷歌曲和音樂錄影帶《風尚》讓全球大眾注意到舞廳次文化以及演出自己的可能。

巴特勒在《性別風波》中主張：這樣的扮裝表演顯示「性別(gender)是具有性徵(sexed)的身體所採取的文化意義」。這個說法是指：我們無法直接將人的性別等同於其性器官。此外，她也強調，身體並不確切地屬於這兩種「性」(sex)。介於兩種性別之間的人占了安全出生的嬰兒的大約百分之一點七(德國在二〇一三年立法，讓人可以在出生的時候被明定為「不確定性別」〔indeterminate gender〕)。巴特勒的論點是，即使這種情形很罕見，各種類型的身體和性別之間仍然不絕對等同。介於兩種性別之間的人可以做出選擇，或者量身打造一種性別。扮裝表演者和變性人可以用其他方式、賦予自己所想要特定的性別。茱蒂絲・哈伯斯坦(Judith Halberstam)將這樣的一個選擇稱為「女性的男性氣概」，指某些女人如何以男性氣概作為其身體的文化意義，並加以施展(1998)。當我們基於一個人的髮型、服裝和樣態來斷定其性別，表示我們採用了一種視覺分析，而非科學的推論。一如巴特勒的說法，問題已經變成：「個人是透過哪些類型來觀看？」觀看一具裸體很可能不足以判定「所遇到的身體是男人的或是女人的身體」[8]，以及這些判斷的意義。雖然《性別風波》這本著作艱澀而嚴肅，它仍是一本跨界暢銷書，夜總會或研討會裡都有人閱讀這本書。它部分地促成人們對性別和性(sexuality)的態度轉變，也促進後來所謂的視覺文化研究成形。

「將自我用於表演、並拍成照片」帶來了各式各樣的戲劇性效果。一九七七年，中非共和國一位名為薩姆爾・弗索(Samuel Fosso)的年輕非洲攝影家開始運用攝影工作室中剩餘的底片，來創作擺著姿勢的自拍照。弗索用跟雪曼等人探索性別如何從外部強加在我們身上相同的方式，將自己的身體如何被「非洲化」和「種族化」予以視覺化。

弗蘭茲・法農(Frantz Fanon)這

圖十九　弗索《(將非洲出賣給殖民者的)酋長》(*The Chief [the one who sold Africa to the colonists]*)

位加勒比作家和行動主義者先前分析了這個過程。在一九五〇年代初期的某個時候，法農搭乘法國火車旅行，前往接受精神病學訓練。他在其著作《黑皮膚，白面具》(*Black Skin, White Masks,* 1952)中描述了這番經驗：一個小孩看見他，大叫「看哪，黑仔！媽媽！看，黑仔！我好怕。」法農回想「他者」如何「以他的注視、姿勢和態度盯著你」。這是照片的一種形式、殖民化的觀看權力，或者，以舞廳的說法，這是一個「破綻」。法農感到被迫「朝自己投射一瞥客觀的注視，(我)發現了自己的黑人性質」。他發現自己以白皮膚的他者看他的方式看自己——這就是「陰影」。他感到被盯著看，彷彿被他所謂的「白人注視」拍了照片。[9] 在那番注視之下，他無法以自己想要的樣子被看見，而只是陳腐和刻板形象的一套組合。

弗索在自畫像中用嘲諷白人的注視當作解套，他如此描述這幅特殊的自畫像：

> 我是一個非洲酋長，坐在一張西式椅子上，披著一塊豹皮罩子，還有一束向日葵。我就是所有將陸地賣給白人的非洲酋長。我正在說：在你們來之前，我們有自己的制度、我們是自己的統治者。這是關於非洲的白人和黑人的歷史。[10]

弗索暗示這番事實：由酋長統御的部落制度是殖民強權的產物，而不是來自非洲的「傳統」。殖民強權從前傾向透過中間人來統治，就如我們今日仍會看到的情況。這些中間人本身往往沒有合法性，因此仰賴著殖民者的威權和軍隊。於一九六五至一九九七年間在位的前薩伊獨裁者——莫布托・塞瑟・索柯（Mobuto Sese Soko）將我們在弗索的照片裡看到的豹皮變成這種司空見慣的東西。「薩伊」是莫布托替前比屬剛果所取的名字，但他身上本應道地的豹皮罩子實際上卻是法國製造的。儘管莫布托口口聲聲談論著正統（authenticity），實際上其政體卻是冷戰促成的。在整個非洲支持社會主義更甚於資本主義之際，他則反對共產主義，因此美國姑息了他對權力的濫用。弗索想要我們瞭解：儘管他嘲諷這樣的傀儡領袖，但甚至在形式上的殖民政體終結之後，非洲仍然由這些魁儡領袖所型塑。

自拍和全球的多數

在目前的轉變時刻，人們正在重新建立和塑造這些身分類型。今日，酷兒理論家傑克・哈伯斯坦（Jack Halberstam）主張：「人們在上個世紀末設想和鞏固的人類身分的基石——即吾人所謂的性別、性、種族和階級——已產生了如此劇烈的改變，於是我們可以在前方瞥見新的生命」。[11] 讓我們瞥見這些的其中一個地方就是自拍。當一般人盡可能以最搔首弄姿的方式擺出姿勢，就是承接了作為英雄的藝術家角色。每張自拍都是一個人以自己希望他人看到的模樣所做的表演。自拍採取了後現代主義的機械製造美學，然後予以轉換、以符合全世界的網路觀眾。我們既在線上、也在我們與真實世界和科技的互動中經驗到今天的新視覺文化。現在，我們的身體同時處於網絡和世界之中。

一些人將新的數位表演文化視為我執而低俗的，但認知到它是新的其實更重要。關於這個年輕的都會式全球網絡，我們唯一確知的是：它將以頻繁且不可預測的方式改變，運用著較年長的世代可能不以為然的規格。在一個層次上，自拍是以視覺為主的數位對話的一個新形式；在另一個層次，也是真正重要之處，自拍是這批新興的全球多數人的第一個新格式。

二〇一〇年，iPhone 4配備了高畫質前置鏡頭相機之後，刮起了一股「自拍」的旋風，其他手機也迅速跟進。現在，人們不論在戶外自拍或使用閃光，都不會像從鏡子裡拍照一樣畫面被散開的光占滿——這是MySpace社群聯結網站從二〇〇三到二〇〇八年的黃金時期的主要題材。現在，「自拍」被理解成：你將相機握在手臂長度的距離所拍的自己的畫面（或畫面中包括你自己）。由此出現了標準的自拍而設的一整套視覺詞彙。自拍的主角經常朝上看著相機，因為從上方自拍比較好看；畫面通常以臉部為主，而且可能落入「鴨子臉」（Duck Face）——誇張地噘起嘴唇。如果你做過頭，並把臉頰縮進去太多，就會變成鴨子臉。這些姿勢正在重新塑造全球的自拍像。

儘管自拍的名稱涉及自身，但它確實關乎社群團體以及這些團體的互動。自拍大都是年輕女性拍的，她們大多是想讓朋友看到的少女。媒體學者雷夫．曼諾維奇（Lev Manovich）在對「潮自拍」（SelfieCity）網站的分析中，指出——在全世界——自拍照大多是由女性拍攝，人數差距有時極為可觀，就像在莫斯科，百分之八十二的自拍都來自女性（SelfieCity）。這些照片接著被分享到很可能大都是女性的社交圈，不論她們的性傾向。一如時尚評論家們長期以來斷言的，（異性戀）女性同時是為了女性彼此、也為了男性而打扮，這個說法也適用於自拍。有些人表示：對吸引力的訴求表示自拍仍受制於男性注視。社會學教授班．艾加（Ben Agger）在多場媒體訪問中主張：自拍表示男性注視大行其道，是他所謂的「約會和上床遊戲」的一部分。但是，難看的自拍（#uglyselfies）和展現非制式的自拍照一樣都蔚然成風。由於這項媒體的性質，任何一個人只能觀看所產出的所有自拍照的極小部分，而且甚至需要許多附加資訊，才能確認看到的是什麼。

隨著自拍形式的風靡，引發出媒體對自拍的道德恐慌（Agger 2012）。其中一種典型的評論來自美國有線電視新聞網（CNN）時事評論員羅伊．彼得．克拉克（Roy Peter Clark），他聲明：「自拍的涵義或許應該是自私：只顧自己、自溺、自己的世界中心、一座鏡廳——其中的每個映像都反映出自己」。[12] 在《君子》（*Esquire*）雜誌上，小說家史蒂芬・馬奇（Stephen Marche）更進一步宣稱：「自拍是用自我形象來自慰，而我這麼說完全是一種稱讚。它讓人可以掌控以及宣洩」。[13] 這些隱喻有點令人費解。納西瑟斯（Narcissus）終其一生注視自己，但他從未釋出自己形象的任何畫面給其他人看。不論你喜不喜歡自拍照，它們全然是關於分享。不過也有許多名人自拍照——像是記者傑拉爾多・李維拉（Geraldo Rivera）傳出的裸照——令人嗤之以鼻。在私人的層次，一幅自拍照可能受到某些朋友歡迎、受到其他人討厭，或甚至加以嘲諷。這不是自慰，而是邀請其他人來喜歡或不喜歡你創造的東西，並參與一場視覺對話。

就如數字所暗示的，某種風潮正在成形。光是二〇一三年在英國，每個月就有三千五百萬張自拍被刊登在網路上。二〇一四年中期，Google宣稱每天有九千三百萬張自拍照在全世界發布、每年則有超過三百億張。媒體學者伊莉莎白・洛許（Elizabeth Losh）在對「潮自拍」上的照片的分析中，發現四個技術性共通點：第一，這些畫面都是近距離拍攝。明明可以使用遙控器，可是自拍的人卻選擇不用，所以特寫是構成自拍的一部分。自拍顯現我們的身體已經併入數位網絡，並且正在和這個網絡互動，而使用遙控器或計時器會在身體和網絡之間拉開距離，所以自拍畫面中往往可以看到拍攝的設備。在繪畫和傳統攝影中，這樣的映現較為罕見，但在一幅自拍照中，卻不會讓人感到突兀。同樣的道理，自拍經常運用非攝影師本人所設計的濾鏡，例如Instagram所提供的濾鏡。

洛許將使用既成工具的這種「創作」（authoring）視為承襲自傳統的創作活動（authorship），這時，決定如何處理影像成為關鍵。她於是作此結論：機器正開始替我們進行觀看，運用它們具備的、我們可能不懂的預設，來型塑我們的視覺。[14] 就如我們已經從杜象的例子中看到的，這顯然並非創新。甚至在專業的脈絡中，萊卡（Leica）相機上的設定決定了傳統報導攝影的樣貌，產生出清晰的前景焦點以及模糊的背景。同樣地，時下的佳能（Canon）G系列相機的豐富色彩和景深也為「專業消費者」（prosumer）的攝影設下了視覺術語。自拍的差異在於規模，當杜象用機器所見的景象玩花樣時，只有他往來的小圈圈知道。

圖二十　Snapchat的廣告

根據Apple，在二〇一四年三月，就有五億人運用iPhone手機觀看或製造影像，而且每三天就賣出一百萬支新手機。

就內容而言，實際上有著兩種「自拍」，一種是為你的數位圈所做的表演，另一種名人的自拍——像是金・卡達夏(Kim Kardashian)的自拍照，其意圖則是保持和拓展主角的知名度。名人自拍延續了電影劇照和廣告畫面，並讓人以為是畫面主角自己拍的。就如當收到來自署名「巴拉克・歐巴馬」(Barack Obama)的大量發送電子信件，沒有人會真的以為這位總統寫了這封信，那些名人也不是隨便擺擺姿勢而已。這兩種自拍之中，拍攝者必然都從某種程度上監控最後拍出來的畫面，而這些都是經過刻意安排的表演。另外一些透過Snapchat之類應用程式進行分享、作為數位對話的自拍照更普遍的多，只不過沒有直接參與的人就看不到了。

陸續有許多警告說網路會將素材永久存檔，所以登在「臉書」上的一張愚蠢、喝醉或色情的照片可能會讓你丟掉獎學金或工作。根據幾個少數例子，人們大都因為寫了對目前工作的負面批評而被開除，不過二〇一三年的一次意見調查則指出：十六到二十四歲的人之中有百分之十聲稱因為登在網路上的東西而失去工作。許多人因此轉而使用Snapchat一類的照片應用程式，這些照片一旦被刪除，就再也找不到。你每打開一張快照(snap)，接著只有十秒可以看，接著就會被自動刪除。快照的數量從二〇一三年六月的每天兩億張、躍升到二〇一四年五月的每天七億張，也就是說每年有超過兩千五百億只有接收者看得到的快照。Snapchat使用者可以選擇將快照傳給部分朋友，而且，跟電子信件或「臉書」不一樣，Snapchat也讓你知道你的朋友有沒有看過這則快照，或者他們有沒有把這幅螢幕畫面擷取下來。Snapchat的自我形象廣告(如圖二十)反映出它針對的觀眾是年輕女性(通常在這個情況裡，這些女性不免俗的都是些迷人的金髮白人，一點也不令人意外)。她們正在拍攝的快照同時拍了她們兩人，很可能是想拍給她們的朋友看。

Snapchat也能傳遞訊息、分享資訊，而且是為了持續對話而設。快照已經吸走了許多原本使用「臉書」更新動態的年輕人，就如當初「臉書」迫使MySpace出局。我們感興趣的並非這個特殊的平台，而是某種新的視覺對話媒介的發展，這些對話通常透過電話傳遞，然而電話愈來愈少用於口頭的交流。自拍以及「快照」是以熟練的視覺語言進行的數位表演，本身都具有即興以及失敗的可能性。網絡聯結的文化正在加重視覺的成分，進一步超越了口語。

伴隨Snapchat，出現了Vine這種六秒長的視訊訊息。Vine似乎是那些想在YouTube上直接找到「好東西」的人的邏輯產物。你會以為在短短的六秒之內，不太可能覺得無趣。但是，一陣子之後，許多Vine視訊開始看起來都一樣——運動佳績、寵物和動物惡作劇、令人發噱的意外。也有人饒富創意地用它們來創作短片，而勢所難免地，公司行號開始在上面打廣告。現在Vine

已經被「推特」(Twitter)買下，這是有理可循的，推特這種一百四十字的訊息開始以六秒長的影片作為補充。

現在，我們看到數位的自我表演變成了對話。視覺影像挾帶著密集的資訊，讓成功的表演足以傳達遠超出基本文字訊息的東西，不論是透過單一影像或一部短片。自拍及其其他形式——像是Snapchat——賦予了新的全球多數人與自身對話的第一個視覺形式。這番對話是快速、密集而且視覺的。因為自拍汲取自自畫像的漫長歷史，它很可能以某一種或另一種形式、在長遠的未來對型塑我們看人的方式持續發揮重大作用。自拍，讓我們看到某種全球視覺文化如何作為當今數百萬人日常生活的一個部分，而這個部分是從我們自己的「形象」的表演出發。

第二章

對觀看的思考

觀看是我們的一種行為，我們也持續在學習如何觀看。如今，現代視覺科技顯然是這個學習過程的一部分。觀看行為正在改變。羅徹斯特大學於二〇〇六年所做的一項廣為引述的研究指出，玩電玩遊戲能同時增進周邊和中央的視覺感知。換句話說，玩視覺遊戲可以提升視力。另有許多相關報告指出，玩家的手眼協調因此獲得改善。在二〇一〇年，另一項羅徹斯特大學的研究顯示，遊戲玩家基於感官知覺而做出更快而準確的決定。一位傑出作者達芬妮・芭薇里耶（Daphne Bavelier，目前任教於日內瓦大學〔University of Geneva〕）將之描述為「機率式推論」（probablistic inference），意指我們基於不完整資訊所下的決定，像是在開車時做的決定（Bavelier Lab）。重點在於：我們實際上並不是用眼睛去「看」，而是用腦。而我們透過能夠看到腦部如何運作，而發現這一點。事實證明，我們透過眼睛所見的東西比較不像是照片，而更像快速勾勒的速寫。看世界並不關乎我們如何看，而是關於我們將所見的東西化為什麼。我們基於自己已知或自認為知道的事物，來構成對世界的瞭解。

我們長久以來都知道：人並未確切看到存在那裡、讓人觀看的東西。當古代雅典的希臘建築師在設計萬神殿柱子側邊時，隨著柱子升高讓柱子些微地向外凸出（亦即「圓柱收分曲線」〔entasis〕），使之看起來筆直。在十七世紀，西方科學開始將所謂觀看存在那裡給人看的東西的「生物性視覺」和所謂加以理解的「文化判斷」區分開來。哲學家和自然科學家笛卡兒（René

Descartes）指出，當我們觀看用透視法所畫的藝術作品，我們將實際上的橢圓形看成圓形。他依此詮釋，這證明了人類會透過判斷來修正視覺感知。這番理解是現代觀察式科學的基礎。笛卡兒在其著名的格言：「我思故我在」（Descartes 1637）中，將對世界的知識從源自古希臘羅馬的古典思想、轉移到每個人觀察到的東西。唯有我們思考的這項事實表明了我們存在，對其他一切都必須懷疑，並加以測試。

笛卡兒以視覺為例，古代的希臘人和羅馬人有兩個相互牴觸的視覺理論。一個理論指出，眼睛發出射線，去「觸及」所看到的東西。這個觀念的問題是：我們能立刻看到很遠的物體，那麼，視覺如何這麼快速地發出射線？另一項理論指出：物體放射出它們本身的小複本，這些複本變得愈來愈小，直到進入眼睛。問題是：人可以近距離看見大型物體，而且也能看到像是山的巨大物體，那麼，這些複本如何能快速變得小到可進入人的眼睛？沒有人能解決這些問題，其實也沒有認真試著解決，因為他們認為光是神聖的，人類理當無法理解。

笛卡兒認為，唯有神的存在能保證我們的觀察並不單純是妄想、或瘋言瘋語，他因此做遍各種測試。他在一六三七年繪製一幅著名的示意圖，顯示視覺如何從數學上成立；這幅圖至今仍是許多藝術和視覺文化課程的教材。

他將進入眼睛的光呈現為一組幾何線條。他透過展現射線是被眼睛的水晶體所折射、並匯

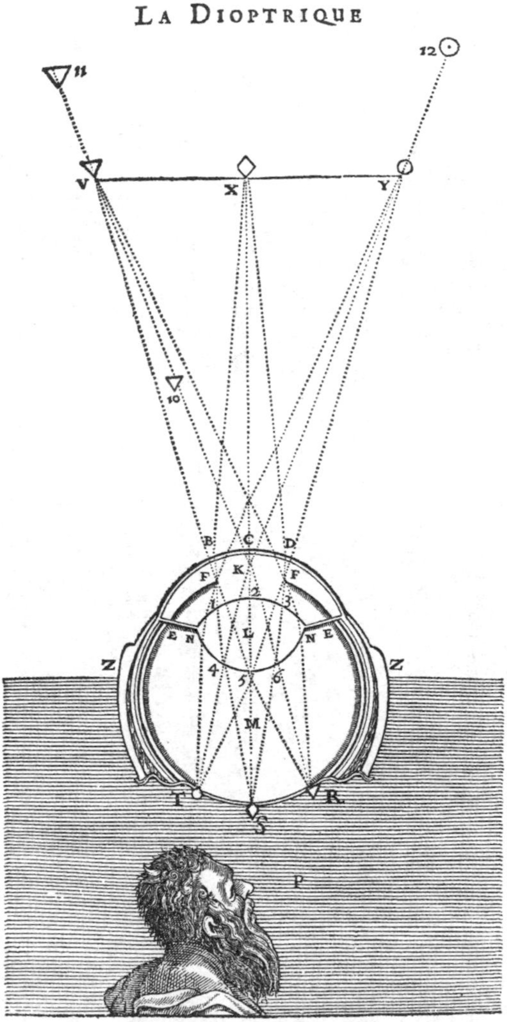

圖二十一　笛卡兒（Descartes）《折光》（*La Dioptrique*）
中的〈視覺〉（Vision）

聚在眼睛後面的視網膜上，而解決了人如何能看見大型物體的問題。然而，這並不是觀看。在視網膜上形成的影像受到笛卡兒所謂的判斷力所詮釋。這幅圖將判斷呈現為一位年長的法官，評定著要被看的東西，然後做出相關的決定。視覺被理解成一間審判室，在其中，眼睛呈現證據，由法官定奪。（就像當時法國的法庭，其中沒有陪審團。）笛卡兒的突破不僅首度幫助人們理解視覺如何成為可能，它也將觀看的重要性提高到一個新的層次，使之成為現代科學中的最主要感官、圍繞著經過觀察的試驗。

在現今的時代，我們正見證到生物科學一個快速發展的部分——神經學如何將身體和心靈視為合一的系統，並將人視為聯合的、社群的生命體，透過同感（empathy）而彼此結合。這裡的隱喻並不是來自法庭，而是電腦網絡。這是瞭解我們自己並思考觀看的迥異方式。根據這個觀點，我們學習如何成為更廣大社群一員的個體。這是因為腦部被許多人視為最個人的器官，以及特別是人類和其它靈長類動物觀看方式的相關研究有了重大突破，而導出這個引人入勝的結果。我的重點並非現代的精神科學是「事實」的最終版本，也不是說所有其他先前的理解都是錯的（雖然一些神經科學擁戴者的說法的確幾乎如此）。相反地，一如我們將看到的，神經科學及人們如何透過它而將人的心靈和思考視覺化——這一切正變成我們這個時代的關鍵視覺隱喻。不論如何，這個事實是我們的版本。

將視覺視覺化

一九九〇年代晚期，心理學家丹尼爾・西蒙斯（Daniel Simons）和他的學生克里斯多弗・夏布里斯（Christopher Chabris）設計出一項後來相當出名的錄影帶實驗，名稱為「看不見的大猩猩」（Invisible Gorilla）（Chabris and Simons 2010）。參與研究的人被要求觀看一部錄影帶，這群人一部分身穿黑色T恤、一部分穿白色，觀看影片的人必須數身穿白色T恤的人互傳籃球的次數。這個單純的傳球行動展開之際，有一個身穿大猩猩裝的人從中間走過。

大約一半的觀者聚精會神地數著傳球次數，根本沒有注意到大猩猩。西蒙斯將這個狀態歸於他所謂的「無意的盲目」，意指人專注於

圖二十二　西蒙斯和夏布里斯，擷取自「看不見的大猩猩」錄影帶的畫面（1999）

一項任務、無法察覺外部資訊。一九七〇年代以來，研究人員就注意到這個現象，就像自古以來的魔術師伎倆，「戲法欺騙眼睛」，也就是轉移你的注意力。但是，使這項實驗如此戲劇化的是這支錄影帶。你可以自己測試一下、再重看這支錄影，你會發現大猩猩是以非常明顯的方式出現。有些人發現自己的失誤後，對自己感到非常失望。

這項試驗奠基於像是杭伯托．馬圖拉納（Humberto Maturana）等神經科學家於一九七〇年代的研究。例如，馬圖拉納證實青蛙觀看的方式和人類迥異，青蛙可以很清楚地察覺快速移動的小東西，像是牠吃的昆蟲，並可以同時忽略移動中的大型東西。鳥類可以察覺人類所看不見的紫外線，這使牠們能以和人類不同的方式看自己的羽毛。不過，這些觀看行為都還不是視覺。馬圖拉納強調，生物因為察覺到本身和外界的互動而改變自己，這不只是發生在進化論所描述的漫長進程中，而是作為每日的生存條件（Maturana 1980）。

這正反映出人們因新媒體所受到的影響。當我今天播放「看不見的大猩猩」的測試錄影帶給學生等人看，幾乎每個人都有看到大猩猩。在電玩遊戲和觸控螢幕伴隨之下長大的人們已經以不同的方式觀看了。西蒙斯也發現，當你播放這部錄影帶給經驗老到的籃球員，看到大猩猩的人數躍升大約百分之七十。西蒙斯較近期完成了另一次研究，取樣團體僅有六十四個人，這次研究證明有些人還是沒看到大猩猩。不過，在這批人中只有四十一個人沒聽過這卷影片。而在這個四十一人的團體中，有十八個人沒有看到大猩猩，所佔的比例遠低於百分之五十。我的抽樣團體規模較西蒙斯大，而且是經過多年累積，儘管並非以科學研究的方式執行。我的結果是西蒙斯的反例，不過或許剛好視覺文化課程學員的視覺較敏銳。

人體的能力顯然無法在這麼短暫的時期裡完成進化，而發生改變之處，就在我們運用視覺資訊的方式。在工業式工作的時代，專注於一項特定的活動、並且無視於令人分心的事物是相當可取的。從在圖書館的學生所做的學術研究到工廠工人的機器調節，都必須全神貫注。今天，人們則崇尚同時接觸多重資訊管道的能力——處理多重任務（multi-tasking）是常見的說法。在我撰寫這本書之際，人們正傳送電子信件和文字訊息給我，還期待我立即回覆，根本不管我正在忙什麼。從前，我們被訓練專注於一項差事，這意味著我們可能不會看到大猩猩，而我們真的大部分時候都沒看到。如今我們被訓練去注意令人分心的事物，而且我們真的大部分時候都注意到了，儘管也有例外。神經科學改變了人們理解視覺的方式。然而，對這項改變的詮釋仍有待深刻思考。

看見腦部

讓我們從現在如何能「看到」運作中的腦部開始。因為新醫學影像形式的發明，尤其是在一九七七年發明的「核磁共振成像」（Magnetic Resonance Imaging, MRI），從此以後要替運作中的大腦製「圖」成為可能。可想而知這種成像完全不需要用到光，也不必畫圖或做其他的呈現，而是由機器造成的磁場激起腦中的氫原子（或任何被檢測的身體部位），接著，原子發送某種無線電頻率，機器偵測後將之轉化成影像。想像這台機器是一個能聽到那些頻率的物種，並偵測出這個人出了什麼毛病（或者沒有毛病）。人類必須看到某個東西。

核磁共振成像掃描實際上是媒體史上的一項演練。磁力及其與電的關係是十九世紀時科學著迷的主題。蘇格蘭科學家詹姆斯・克勒克・馬克士威（James Clerk Maxwell）論證，光本身是電磁的一個形式，並計算了它的速度。他也在一八六一年就拍攝出第一張部分成功的彩色照片。後來，是電磁的研究促成艾因斯坦（Albert Einstein）發展出相對論，並且促成第一個大眾傳播媒體——收音機的發明。收音機最初是用來和船隻聯絡的工具，後來在一九二〇年代成為普遍的傳播形式。然而，現在，作為傳輸者的是我們自己的身體。由於我們無法單靠自身來轉化這些磁波，只好靠核磁共振成像機將它們轉化成視覺的形式。但是，這些東西其實是某個被看到的東西的呈現，在這個意義上，它們並不是影像。被掃描的器官仍在體內，並未被任何人或物看見。就像電腦產生的任何其他畫面，核磁共振成像的掃描是運算，而不是影像。神經科學

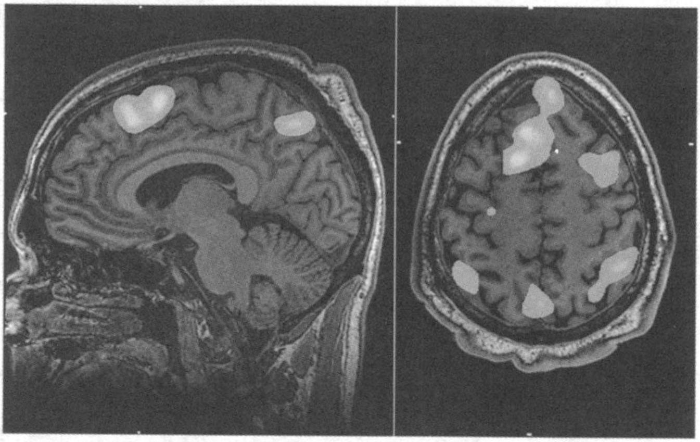

圖二十三　功能性核磁共振成像掃描圖

家運用一種特殊的程序，叫作「功能性核磁共振成像」(Functional Magnetic Resonance Imaging, fMRI)，讓他們能「看到」腦部在回應特定的刺激之下，造成哪些區塊的血液在流動。這些「畫面」發展出了對腦部功能的新描繪，顯現出當人執行某一個動作時，腦中的哪些構造在「發亮」。

這些戲劇化的影像似乎清楚說明：腦的每個局部各具特質。圖二十三的掃描影像顯示一個人運用這些部位的記憶，可以明顯看到他用到了腦的一些特定區域，沒有運用其他的區塊。

在學者、藝術家和行動主義者正在開創視覺文化研究的同時，科學家正透過運用這些新技術而轉變我們對視覺本身的理解。在一九九一年，丹尼爾・費勒曼(Daniel J. Felleman)和大衛・凡・埃森(David C. Van Essen)發表了一項如今成為經典的靈長類動物視覺功能分析，這個研究的對象是與人類相似的獼猴。費勒曼和凡．埃森在他們的總結中指出他們發現了：「二十五個新皮質區塊，其主要或唯獨用於視覺作用，外加七個區塊，而基於這七個區塊廣泛延伸的視覺輸入端，我們判斷它們和視覺有關。根據報告，在這三十二個視覺以及關於視覺的區塊中，共有三百零五個聯結。」[1]

簡言之，觀看是極為複雜的互動性過程。實際上，它並不像最初那些「發亮」的影像暗示的、只發生在腦中的單一「地方」，而是透過一連串快速的來回交替、遍布整個腦。進一步而言，腦中的視覺地帶及其相關區塊之間的這種互動性發生在一系列十到十四個階級分明的層次。也就是說，觀看並不像人們曾經以為的、是最終的判決，而是在不同的腦部區塊之間來回的心智分析的一個過程。要觀看，不僅需要有一雙眼睛，還需要有一個腦。

費勒曼和凡．埃森在數位運算的紀元製作了對視覺的圖解。在這樣的描繪中，每一種感官的神經路徑截然分明，但平行地運作，就像電腦。基於他們對視覺的瞭解，視覺顯示為一組反饋迴路。這種解釋視覺的圖像跟先前所有的觀看模式都截然不同。

這張圖和笛卡兒的圖有一個交集點，就是這張圖仍包含了視網膜。它位於正下方，以「RGC」標示。我們所謂的視覺發生在一組反饋和平行的運作中，它們發生在這個點以及在「頂端」的海馬體（hippocampus, HC）之間。顯然地，視覺不像是笛卡兒的觀點，只關乎光進入眼睛然後經過評斷，而是一番來回的移行，帶有曲折和轉彎，在影像裡創造躍動的韻律感。

這份圖解讓人覺得在視覺上類似傑出的現代派畫作之一：皮耶特・蒙德里安（Piet Mondrian）的一九四二年經典畫作《百老匯布吉烏基》（*Broadway Boogie Woogie*）。這位荷蘭藝術家在畫中應用他的新造型美學，來表達他所觀察到的爵士年代的紐約。

這幅畫傳達出曼哈頓中城的棋盤式城市的活力，以及突然迸發的躍動和精采事件，使都會的經驗跳脫常規。「布吉烏基」是藍調的一種快節奏鋼琴形式，通常伴隨著形式誇大的爵士舞，舞蹈則側重舞伴們來回舞蹈。在這幅畫中，結合了反覆的貝斯節奏和斷奏的舞蹈動作，充滿聯想地傳達出機械時代的

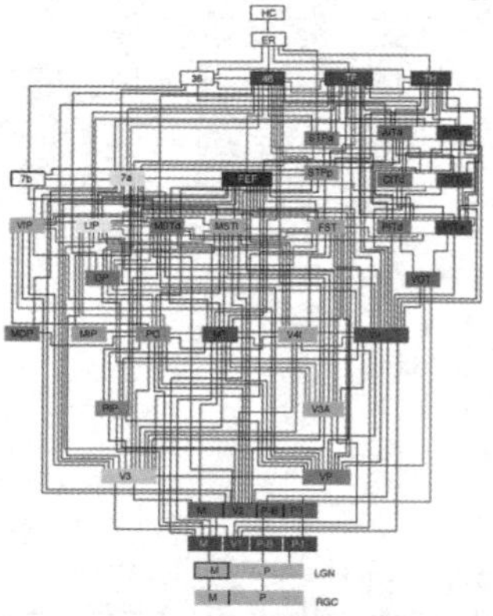

圖二十四　費勒曼和凡・埃森，〈視覺區塊階等〉（Hierarchy of Visual Areas）[2]

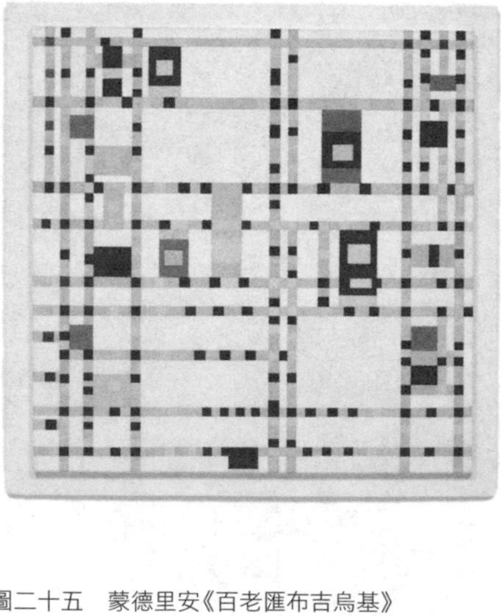

圖二十五　蒙德里安《百老匯布吉烏基》

影響。如果我們大膽地從形式上比較這幅畫和一九九一年對視覺的描繪(同時瞭解它們來自迥異的背景),那麼我們可以從兩者看到視覺如何從笛卡兒想像的、作為單一的決定,變成現代的、基於機械的活潑都市經驗,透過它閃動的燈光、往返的動作和具有感染力的音樂傳達出來。

著名的神經科學家拉瑪錢德朗(V. S. Ramachandran)在對這番視覺運作描繪的分析中,強調階段之間的反饋的重要性:

> 特別注意從每個運作的階段回到前一個階段的纖維數量、和從每個區塊前進到更高階的下一個區塊的纖維數量至少一樣多(實際上更多!)。存在著這麼多反饋,這完全打破了將視覺視為按階段依序分析影像的古典概念,而這個概念愈發展、變得愈深奧。[3]

這代表視覺不是由法官評定的。讓我擴大我的隱喻——這是街上的都市居民、舞者回應鋼琴的方式、歸屬感之間的交互作用。資訊在一個層次和下一個層次之間往返,在這個進程中填入片段。所以,(目前的)定論是:觀看是我們做的某件事,而不只是自然發生的事。更精確地說,我們必須揚棄這個長久的僵化概念,認為影像從視網膜傳遞到腦部——視網膜本身其實是腦的一部分,而如拉瑪錢德朗所寫的,在此,「光束被轉化成神經衝動」。[4] 透過一連串平行的步驟，資訊從點散布出去和進展，這些步驟持續地增強其他層次。我們過去習於稱為影像的東西現在成為人們所知的運算，這個運算甚至發生在腦的內部。

依照目前的模式，則我們甚至不是經由「看」而看見。在笛卡兒的版本中，法官掌管觀看，使它似乎成為極度精細的過程。實際上，有三種涉及觀看的眼睛無意識地移動著。內聚（convergence）運動將兩隻眼睛導往相同的地方。追蹤（pursuit）運動跟隨移動的物體。研究顯示，在這些從一端到另一端的觀看方式中，近距離觀看是基於「跳視」（saccade），這是眼睛從一個點移到下一個點的自發掃視。眼睛的跳視相對迅速，並能自發地展開，例如當我們將視線看向一幅畫。或者，它們也可以是無意識的，回應移動的物體、噪音或任何其他意外的事件。因此，必須修正單一的注視或看、用凝視盯著人或物的老舊概念。我們的眼睛很忙碌，總是在來回快速移動（boogieing）。但我們透過如此忙碌的眼球運動所「看到」的內心「畫面」卻保持穩定，因為這是經過腦部運算的結果。

我們藉由眼睛的跳視產生數據點來進行計算，例如如何拿起一個咖啡杯。我們應該將整個觀看思考成一種做的形式或者表演，就像在第一章所說的。我們創造一個世界，在其中，我們的觀看方式不僅有意義，還讓我們執行出想執行的動作。而它也是一種運算形式，因為我們運用那個模式來計算如何在那個世界裡活動。所以，如果我們正試著計算籃球經過幾次，就會因為大猩猩和我們的計算行為毫無關聯而忽略掉。但是，如果我們已經習慣於觀察傳球次數，我們就能有更多心智空間去注意到大猩猩。當我們未能完成正試著執行的動作，我們可能連將蘋果核丟到垃圾桶這麼單純的動作也做不到。或者，我們可能由於某個至今未知的經驗——像是意外或災難，而徹底無所適從。我們持續地重整這些系統、吸收資訊，並改變我們感知的方式，好加以說明。又比如在玩需要手和眼睛協調的遊戲時，玩家應該很熟悉「漸入佳境」（getting their eye in）[a]這種經驗，這是指在最初的幾番努力之後，擊球似乎變得更容易了。總言之，我們的身心持續互動著，形成一個系統。

儘管近幾十年出現了所有這些研究和發現，視覺感知的定位卻變得更不明確。現在，視覺似乎更像是《宮女》（見本書第一章）這般令人困惑的複雜畫面——來來回回以得到不同的效果、將特定的細部各歸其位、往往回到起點的變化效果，而較不像是攝影的即刻確立。十八世紀的藝術理論家曾提出「papillotage」的理論，該詞意指「閃動」或者「閃爍」的視覺。像是弗朗索瓦·布歇（Francois Boucher）等畫家的畫作即是為了創造這個移動表面的感覺，這後來並將影響到印象派藝術家。這個感覺接受了視覺的被建構本質。「閃爍」可讓人察覺到自己為了看所下了多少工夫、視覺和正試著看的東西之間的差異，甚至還會注意到兩者之間的眼皮。

布歇在《沐浴後的月神戴安娜》（*Diana Leaving Her Bath*, 1742）這件小幅畫作裡，透過炫目

圖二十六　布歇（Boucher）《沐浴後的月神戴安娜》（*Diana Leaving Her Bath*）

而躍動的金色、綠色夾雜背景，呈現這位狩獵女神背後的自然世界，襯托出其裸體的感官之美。這幅畫營造某種觸感，而益發誘人。相對地，在十八世紀晚期、法國大革命之時蔚為風潮的新古典繪畫則強調描繪的至要，運用了硬的輪廓線來描繪人體和物體。如果我們瀏覽賈克-路易・大衛（Jacques-Louis David）的較大幅肖像《安東尼-羅宏・拉瓦西耶和他的妻子》（*Antoine-Laurent Lavoisier and His Wife*, 1788），其間的差異立即顯而易見。

這幅畫中當然潛藏著性的玄機。不過大衛的線條俐落精準，人體及其輪廓清晰地幾近幻覺，這種手法和他的前輩布歇截然不同。也就是這個手法之後被帶進攝影，成為「準確」（correct）的焦點。這種寫實消去所有的閃爍，

圖二十七　大衛《安東尼－羅宏．拉瓦西耶和他的妻子》

並強烈主張我們所看到的是存在那裡的東西，別無其他。而後，英國藝術家茱莉亞・瑪格莉特・卡梅隆(Julia Margaret Cameron)等早期攝影師提出異議，卡梅隆在一八六四年的一封信中要求知道「何謂焦點？」(Mavor 1999)：重點是努力畫出鮮明的線條，還是洞悉內容？卡梅隆在為湯瑪斯・卡萊爾拍的肖像所營造的歷史學家形象很神祕，可以說這比較接近卡萊爾將自己作為「seer」(同時指先知和觀看者)的感覺、而不是一幅輪廓鮮明的影像的狀態。

這裡的重點並非先前的時期是否正確預料到神經科學，或必須認可神經科學家目前的觀念是無庸置疑的真理，而是這些藝術品向我們揭露：儘管是基於迥異的證據和背景，目前的研究仍符合關於視覺的一條既定思路。事實

圖二十八　卡梅隆《湯瑪斯・卡萊爾》

上，更值得注意的是，人們現在通常更信賴需要下工夫辨認的不完美照片或影片，而比較不信賴專業完成的作品，因為人們會懷疑後者是人工處理過的。

米契爾（W. J. T. Mitchell）一般被視為視覺文化研究的創始人，數位視覺文化的興起促使他提出「沒有視覺媒體」（2005）。米契爾的這個顯然矛盾的陳述是指：所有媒體都涉及每個感官，因此，將藝術家用畫筆觸及畫布所完成的畫描述成單單是視覺的，這並不準確。現在我們可以藉由以下的理解來更確立那番詮釋：感知並非單一的行為，而是在腦中仔細聚合的過程。那番作用圍繞著神經科學家所謂的「人體地圖」（body maps），指我們對自己所在的地方及自己是誰的意識。所以，即使我們閉著眼睛，但仍始終知道自己的身體處於何種姿勢。想想你怎麼拍掉停在身上的一隻昆蟲。你必須能協調對自我的意識，這現在叫作「本體感覺」（proprioception），這是對身體所有不同部位採取相對姿態的意識——也就是在你感知到皮膚上的一隻昆蟲的時候，然後，你以夠快的速度，用一隻手揮向昆蟲，以免牠咬你，但並不會弄痛自己。

這些地圖並不總是符合我們身體的客觀狀態。舉幾個極端的例子：正在戒藥癮的人會覺得渾身有蟲子在爬，一直想把蟲子揮走，但卻徒勞無功。曾經截肢的人經常覺得在被截肢的地方有一支「幻」（phantom）肢。他們很清楚知道幻肢並不在那裡，但又覺得發痛、發癢，不然就是這個部位不時會引起注意力。同樣的道理，厭食症的患者會將自己看成胖子，而不是其他人看到的纖瘦體型。因為這樣，人們長久以來認定厭食症患者會扭曲自己的形象，使這部分成為臨床診斷的一部分。然而，一些「支持厭食症」(pro-ana，指pro-anorexia)的網站及線上社群分享瘦子的照片，包括名人以及模特兒，以此作為「變瘦的靈感」(thinspiration)。因此，一些(醫學專業視為的)患有厭食症的人和所有其他的人一樣，都有意識到自己的人體地圖，只是由此導出迴異的結論(明白地說，我個人並不贊成這些結論)。

有一些令人驚訝的實驗顯示人可以重新認識這些地圖。神經病學家拉瑪錢德朗透過搭起一個鏡箱，對幻肢病人執行過著名的治療，(例如)留存下來的手會反映在鏡子裡、並位於被切掉的那一肢所在的位置。運用這個簡單的視覺繞道，人們得以重畫自己的身體地圖，於是可以將幻肢從怪異的位置「移開」、搔到癢處等等。視覺化系統中的所有迂迴似乎讓人可能進行這樣的重新認識。中風和長期疼痛的患者已經能透過這項治療減輕病痛。在此，視覺訊息似乎「覆蓋」了所有其他的訊息。我們的腦中用於視覺的運作空間超過所有其他感官空間的總和，這或許說明了這番幻覺為何如此難以抗拒。

在其他較不戲劇化的情況中，許多視覺幻象持續「奏效」——即使你知道它們並不是真的。想想哲學家維根斯坦(Wittgenstein)的「鴨子-兔子」(Rabbit and Duck)這幅圖畫，它看起來可以像是兔子或鴨子，或同時是這兩者，端視你怎麼看。我們可能甚至將之視為一套線條和明暗。

你可以主動做出選擇，只用一個方式來看它，就像患有厭食症的人將自己的瘦視為正面的。或者，你可以屈服於這番幻象，並且「移開」再也不存在的截肢。

根據近期的研究，發現這是因為存在兩「股」腦部活動：一股是感知的，另一股是行動的（Nassi and Callaway 2009）。視覺似乎是一個複數名詞。其中一股活動（感知）認出一個朋友，另一股活動（行動）伸出手向朋友揮手。現在，腦子裡被認為有超過八十個生理部位來運作視覺，它們由至少十二個平行的運作路徑聯結起來。儘管有所有這番輸入，主要的「屬性，像是動態、形狀和顏色都必須透過這些感覺的信號來運算」。也就是說，與其說我們「看到」顏色、形狀或者速度，其實更是弄清楚它們應該是什麼。腦不是照相機，而是速寫本。很有趣的是，中世紀神學家聖．托馬斯．阿奎那（St. Thomas Aquinas）也認為，視

圖二十九　維根斯坦〈兔子與鴨子〉

覺並不關乎判定一個物體在哪裡、或者是什麼顏色，儘管理由迥異。我從中歸納出：在某種程度上，人們總是知道視覺是持續被學習和再學習的。

鏡子及群體

在所有新研究所獲得的洞見之中，最引人入勝的其中一個洞見是：我們實際上確實大都彼此學習、而不是靠自己學習，而且我們的腦是特別為了這個目的而設。感官經驗並非個人的，而是共有的。這是義大利科學家們以猴子做的一系列試驗所得的意外結果，該義大利科學團體當時正在進行一項計畫，分析伸手拿花生的猴子會產生哪些神經衝動。他們偶然發現，正在觀看的猴子和實際上抓取人們贈予的花生的猴子的神經反應完全相同，在觀看的猴子及在行動中的猴子腦中，「發亮」的都是同一個部位。後來有許多不同背景的研究，人們屢屢獲得同樣的實驗結果，並導出一些根本的結論。

現在，神經科學家已經發現人類具有「鏡像神經元」，其作用是向其他人做出反應。拉瑪錢德朗將它們稱為「『甘地神經元』，因為它們模糊自己和他人之間的界線——不只是隱喻上的，也很大程度是字面上的，畢竟神經元無法區分其間的差異」。[5] 以目前的隱喻，則同感的特質是與生俱來的。義大利神經科學家維托里歐・嘉萊希（Vittorio Gallese）試著探索他以猴子做的上述試驗的涵義（2003），對嘉萊希而言，腦實際上是一個共有的空間，當中有著一群「我們」，但「我們」並非一群個體，而是某種集體的養成。個體即是從這番養成中培養出來，意思是說我們從社會的轉移到個體的。他的這個概念是指：我們並不將靠自己學得的東西普遍化，而是將普遍的東西應用到特定的事物上，因為我們大家都形成某種「心智理論」。哲學家熟悉的這樣一個理論是人類互動的關鍵，因為如果沒有它，則沒有人能想像其他人可能怎麼反應。就像整個視覺文化，這番洞察也深植在日常之中。如果我在咖啡館看到一個人伸手拿咖啡杯，我會認為她接下來會喝那杯咖啡，因為那符合我的理論。當然了，她可能會把咖啡杯朝她的丈夫扔過去，但那會是特例，我的理論也必須隨之調整。想像不是從現實中抽離，卻是瞭解我們如何存在於世界中的關鍵。

簡言之，鏡像神經元不僅讓我們能從自己的觀點來看世界，也讓我們從他人的觀點將世界視覺化。一如拉瑪錢德朗指出的，人類是特例，因為，異於大部分動物，我們人類發展得如此緩慢，在出生之後學習一切——從基本的動作技巧到語言：「我們顯然必須付出很高的代價、從中獲得極大的益處，遑論預先大膽地付出，而我們確實付出了代價：這就叫作文化」。[6] 因此，我們所發展的集體觀看理論會是我們可以稱為「視覺文化」的東西，這種說法並非沒有道理，而這個文化必然隨著地方和時間而異。視覺文化作為腦的被中介感官機制的一部分，它並不只是視覺的（以這個詞在常識中的意義而言），也關係到整個身體地圖。其最終的含意是：人類已經以極度迅速的方式在發展，不只透過達爾文的物競天擇，也透過文化。

我們稱為「視覺」的這整個經驗是以多重程序運作、多重解析，並受制於來自身體其他部位的持續回饋，而不是單一的、獨立的「感官」。目前有些研究人員希望在傳統的五個感官之外，增加更多新感官，例如前述的本體感覺。舉例來說，在不需思考、也沒有外來刺激之下，我們便可以感到餓和渴是強烈的需求。不過，這並不像某些懷疑論哲學家般認為我們都以不同的方式觀看，或者我們不能運用自己行使感官的方式，而是因為觀看是我們集體心智理論的一個特殊情形，因此視覺是共有的東西，也就是共有的資源，但我們仍能以符合個體己身需求的方式來運用。這就是視覺文化試圖論辯、探索和闡釋的。

a．譯註：特指透過練習而熟悉一項運動，或逐漸習慣某種運動中的手和眼睛的協調。

第三章
戰爭的世界

如果，理論上，視覺是所有人都具有的能力，但實際上，握有政治權力的人卻一直聲稱他們能以不同的眼光去看。一如在第一章所看到的，君王往往聲稱自己超過單純的人類。君王的非凡能力通常在戰爭時顯現出來，當他們在戰場上率領國家之際。我們現在仍把這樣的戰爭史當作基礎，並多多少少將「領導力」(leadership)及「眼光」(vision)視為同義詞。戰爭當然有風險，舉英格蘭的情況來說，從一〇六六年逝於哈斯汀(Hastings)的盎格魯-薩克森國王哈羅德(Harold)，到一四八五年在博斯沃斯(Bosworth)原野戰死的里查三世，君王(或皇室成員)有時必須以犧牲性命來換取這番榮耀。冒險參戰的最後一位英國國王則是喬治二世，他在一七四三年參與奧地利繼承王位之戰的德廷根(Dettingen)之役。

在拿破崙戰爭(1799-1815)時期，君王和其他國家的領袖再也不現身在歐洲戰場。現代戰爭散布在幅員廣大的疆域，無法單從一個地方看見。國王及其他領袖可以待在家中，委派其將軍作戰，後者從戰爭的大後方親自指揮戰鬥。在西方，人們於是將戰爭視為一種藝術，就像中國長久以來的情形，這需要特定的新視覺技巧，這種技巧後來被稱為「可視化」(visualizing)。如今，儘管自己也無法看到戰場，將軍的任務卻是將整個戰場「可視化」，他必須將自己的想像、洞察力和直覺注入他和屬下所能看到的一切。將軍以彷彿從空中俯瞰的方式將戰場可視化，藉以料想他的軍隊在何處、敵軍的情勢以及兩者可能如何交戰。這項技巧最初是將軍特有的，後來演變成一整套極為專精的技術，最後促成一種從空中看世界的方式，它並不簡明易懂，而且只開放給少數極度熟練的人透過機器來理解資料。

十八世紀的普魯士將軍和軍事理論家卡爾·馮·克勞塞維茨（Carl von Clausewitz, 1780-1831）在他的經典《戰爭論》（*On War*）中，基於他在拿破崙時期的經歷定義了現代戰爭，至今仍是軍事學院的教材。他首先強調，戰爭大都是不可見的：

> 所有戰爭資料的極度不明確使情況格外艱難，因為在某個程度上，所有行動都只能在微光下規劃，此外，霧或月光一類經常造成東西規模變大的效果，並讓它們的外觀看起來特異。[1]

這個時候，總司令負責看透迷霧，即使總司令根本不在戰場上。克勞塞維茨指出，這份工作一部分是以視覺進行，另一部分則是由腦來進行：

> 這個整體應該清晰地呈現給理性，應該變成一幅畫面、一幅在心中繪製的地圖，這幅畫面應該固定下來，其細節再也不應該彼此分離——所有這一切只能藉著我們稱為想像的

心智能力來達成。[2]

他的隱喻很鮮明：戰爭是具體烙印在理性本身、或在理性中「固定下來」的一幅畫面。由於這個概念早於它似乎仰仗、或者更精確地說——這個概念特別值得注意，因為它早於似乎所仰仗的攝影或影片的發明，或者更精確地說，它預示了攝影或影片的概念。這個論點意味著戰場上的死亡及肢解只是真正事件的副作用，而這個真正事件只存在於總司令的腦中。克勞塞維茨想看的畫面變成一個種類很特殊的影像：從空中看到的景觀。這番想像的景觀後來藉由——在交戰之後繪製的——戰場地圖來呈現，它彷彿從空中顯示軍隊的部署，並嵌入戰爭地區的等高線地圖中。

克勞塞維茨發現，是戰爭本身特有的性質改變了。如果戰爭此時是兩個主權之間、而非戰場上的特定將領之間的衝突，則人們經常引用克勞塞維茨的話(即使有失精確)：「戰爭是透過其他手段的政治」。[3] 那麼，對於進行視覺化的人而言，戰爭本身什麼都不是，而是達到政治變革的一個方式。現代戰爭最重要的部分的是政治成效，而可視化是藉由戰爭促成政治變革的一個方式。

對克勞塞維茨而言，這樣的可視化其首要典型是在一八〇五年自立為皇帝的法國將軍拿破崙。拿破崙戴著簡單的三角帽、身穿長大衣，象徵著他的後革命時期的平等，因為法國大革命（1789-1799）的成果之一就是拿破崙大軍團（Great Army）的專業化，使所有人都能晉升、不再僅限於貴族。戰爭變成訓練有素的專業人員從事的工作。

拿破崙出生於科西嘉島（Corsica），並從中尉晉升為將軍、最後變成皇帝，他體現了這個概念。身為將軍的他以視覺詐騙戰術而聞名，比如先在一個很顯眼的地區發動攻擊，然後再派一支更龐大的軍隊，從一條隱密的路徑進攻正在反擊前述作戰行動的軍隊。這些可視化的戰術是他多番著名勝利的關鍵，像是奧斯特里茲（Austerlitz）之役（1805），在這次戰爭中，一支較小型的法國軍隊關鍵性地擊敗了奧地利及俄國軍隊。儘管如此，還是很難就此判定哪一方打贏了戰爭，畢竟還有許多大型軍隊移行穿越幅員廣大的地區，連「勝方」都遭受重大的傷亡。在斯湯達爾（Stendhal）的經典小說《帕爾馬修道院》（*The Charterhouse of Parma*, 1839）中，反英雄的角色法比利吉歐（Fabrizio）以為拿破崙打贏了滑鐵盧之戰，實際上這位皇帝卻在一八一五年終告失敗。

繪製戰爭地圖

拿破崙透過他的戰役繪製出跨越遼闊區域的地圖，包括恰好從他的身高所見的場地景觀的圖畫，讓他之後可藉此估量出當時所能夠和無法看到的東西，以及他的可視化成效有多好。為了將這些景觀分享給他人，比較沒有天份的人可能會想到兩種方法，先藉著氣球從高處觀看，在藉由飛機，拍攝下照片及其他技術性畫面。

如果克勞塞維茨以地圖作為戰爭的隱喻，現在看來似乎很「自然而然」，但在從前，至少在歐洲，情況並非總是如此明確。在和克勞塞維茨同時期的中國，人們已經用先進的方式運用地圖長達幾個世紀。早在第三世紀，裴秀（224–71）即批評先前地圖的比例和距離有失準確。他研發出一個方格系統以及呈現地勢高度的方法。他運用繪製地圖的六大原理，創造出對這個帝國的詳盡描繪。從漢朝開始，人們將地圖用於軍事目的（約在西元一六〇〇年），而進貢的國家必須提供其領土的詳盡地圖，以此代表它們臣服於帝國的權力。相反的，在歐洲，到了一四〇〇年仍然沒有地圖繪製術，地圖上只單純依照從一地到另一地旅行所需的順序，列出殖民地的名稱。然而，一六〇〇年左右，現代意義上的地圖對所有種類的活動都至關重大，從戰事到殖民的征服，以及土地所有權。儘管如此，一直要到十八世紀，地圖製作術才完全整合到西方的軍事計畫和行動中。

而要繪製將世界可視化成猶如從上空所見的地圖，最佳地點就是從空中。一七九四年，名叫尚-巴普蒂斯・儒爾丹（Jean-Baptiste Jourdan）的法國將軍藉由運用從氣球所得的敵軍移動的資訊，而打贏了弗勒何斯（Fleurus）之戰。美國的南北戰爭（1861–65）時，這樣的氣球配備了電報傳輸線，於是可以快速地將資訊傳到地面。

從這些緩慢的開端，地圖變得對現代戰爭如此重要，以至於在南北戰爭接近尾聲之際，美國陸軍工兵隊每年必須供應四萬三千幅地圖給聯軍。

在一八八五年舉行的令人驚訝的柏林會議中，作為戰爭形式的地圖繪製達到了「透過其他手段的政治」的編年史的一個巔峰。在這次活動中，歐洲統治者們拿出一幅非洲地圖，然後沉著地互相瓜分。因為他們專斷而劃出的界線橫跨了存在已久的國家疆界，最後將這座大陸瓜分成諸多殖民地，導致了延續至今的悲慘後果。這些在柏林會議形成的殖民國家於第二次世界大戰後獨立，此時戰爭發生幾乎勢所難免。剛果和大湖區的長期戰爭從一九九四年的盧安達大屠殺延續至今，估計已導致三百五十萬人喪生，成為最聲名狼藉的例子。參加柏林會議的各國代表還以為自己所佔取的不過是空的空間，因為那裡的居民沒有加以運用那些土地，所以無權要求擁有土地。歐洲人主動遺忘了他們之前因為販賣奴隸而對非洲有極為詳盡的知識，十七和十八世紀的非洲地圖已顯示出主要的城市、河流及其他政治的和自然的特徵，但到了十九世紀晚期，人們只知道非洲是一座「黑暗大陸」、對歐洲人來說未知的地方。

這番遺忘導致了重大後果：它讓殖民的列強得以利用「terra nullius」這個來自羅馬法律的概

念，意指「空的土地」或「無人擁有的土地」。這個概念明定：不是用歐洲技術墾殖的所有土地都是空的，因而歸於最早的（歐洲）佔取者所有——倘若他們之後確實嘗試墾殖土地。這個分類包含一種不去看的模式，例如，亞馬遜印第安人並不規劃田地，但鼓勵廣泛種植果樹及堅果木，這就是他們的農業，但是歐洲殖民者並未看到這些。因此，這些歐洲強國認為自己對非洲的分割既符合法律，也對居民有益，畢竟他們帶來的正是傳教士大衛．李文斯頓（David Livingstone）所謂的「貿易、基督教以及文明」。對於所有這些法律和經過可視化的擴張，簡略形容起來就是「為黑暗帶來光明」。柏林會議結束之際，比利時國王李奧波德二世（King Leopold II）是廣大剛果地區的唯一統治者，他遠征當地所得的一切利益都歸自己所有，甚至不分給比利時人民；彷彿他贏了一場戰爭，而不是要求重畫地圖。柏林會議恰恰就是為了達到所覬覦的政治成果而透過其他手段所進行的戰爭。

逾一世紀之後，奈及利亞裔的英國藝術家因卡．修尼巴爾（Yinka Shonibare MBE）描繪了這個事件，並將殖民者呈現為無頭的人像，彷彿質問著：「國家的頭在哪裡？」儘管這些沒有頭的領袖足以瓜分嵌入桌面的非洲地圖，他們仍無法聲稱自己具有「眼光」或者可視化的能力。更引人注意的是這些形體身上穿的炫目多色織品，它們以荷蘭蠟印花為人所知，往往被認為是典型的「非洲」織品，但實際上卻是一段影響深遠的殖民歷史的產物。這種布上面的圖案和設計最初是在印尼創造的，在當地稱為蠟染（batik）。當荷蘭成為殖民大國，他們於是將這些圖樣帶回家鄉，並以工業化的方式生產。在十九世紀，這些花樣在西部非洲變得很流行——在今日亦然，當地人甚至將地方元素注入這些圖案中。因此，這些往往作為「非洲」布料而出售的東西，實際上是三個大陸在整個帝國時期的互動造成的。修尼巴爾的裝置作品提醒我們殖民可視化的殘暴，及其對地方歷史和傳統的扼殺。修尼巴爾運用蠟印花的方式，向我們顯示殖民並不是殖民者傾向認為的單純瓜分和統治，而是全球諸多歷史構成的一種模式[a]。

殖民擴張時期在第一次世界大戰（1914-18）這場災難中達到極致。在這場所謂的「大戰」（Great War）期間，空中攝影機的進步使戰爭的

圖三十　修尼巴爾《爭奪非洲》（*The Scramble for Africa*）

空中可視化產生劇變。此時，資訊的收集是透過能飛越敵軍防線上空、並精確觀測敵方動態的飛機。從這時起，可視化是為了服務軍事領導而發展的科技，而不是以一個人的可視化能力來界定其領導力。大部分的戰場畫面是在大約一萬呎（三公里）高的地方、用八吋焦距的攝影機拍攝的，所得的照片足以描繪面積大約一平方哩的景象。人們接著將這些照片貼上標籤，指明拍攝的時間和地點、以及拍攝設備，並找出它們和現有紙本地圖的關係。到了一九一八年，我們已經能從一萬八千呎（五點五公里）的高處拍攝照片，照片放大之後，足以顯現泥巴裡的腳印。此時，不再需要由人類親自將戰爭可視化了。

這些照片之後被用於繪製戰場地圖。在兩次世界大戰之間（1918-39），美軍發展並擴充了「在移動之際畫地圖」的學說。這番需求導致從紙本地圖到當時所謂的「照片地圖」（photomaps）的轉變，象徵從人類的陸基評估往空基的攝影可視化的變遷。當時，紙本地圖每天可繪製出足以涵蓋大約一百哩（一百六十公里）的新區域。當德國第六軍團在一九四〇年攻擊法國，他們運用精心製作的紙本地圖以及能收集到的所有原始資料——從空拍攝影到戰前的觀光指南，每天已足以涵蓋超過七百五十哩（一千兩百公里）之廣。由於如此飛快的地圖繪製進步速度幾乎是不可置信，當時沒人能料到德國會發動這場攻擊。為了回應新的戰爭速度，人們運用足以產生出九吋負片的新式五鏡頭攝影機，創造出攝影式戰爭地圖。這台機器能結合多倍投影儀運用這些照片，甚至產生立體地形圖（見圖三十一）。

在戰場上，機動貨車仍能每小時產生幾千張十七乘十九吋的照片，比標準的十乘八吋的美術相紙大上兩倍。若使用新式攝影機的空拍照片，從兩萬或三萬呎（六至十公里）的高處拍攝，其鉅細靡遺的程度也令人驚歎。例如，美國在第二次世界大戰期間轟炸義大利的那幅照片看起來就像抽象表現派的繪畫，但這一切卻再真實不過。此後，所有戰爭都成了空中作戰，也就是說，戰爭結果通常取決於對空中的掌控程度。

從我們的觀點來看，更重要的是，克勞塞維茨將戰爭視為透過其他手段的政治這個概念，此時，視覺影像已成為重大政治問題的關鍵，其中最戲劇化的情況莫過於一九六二年的

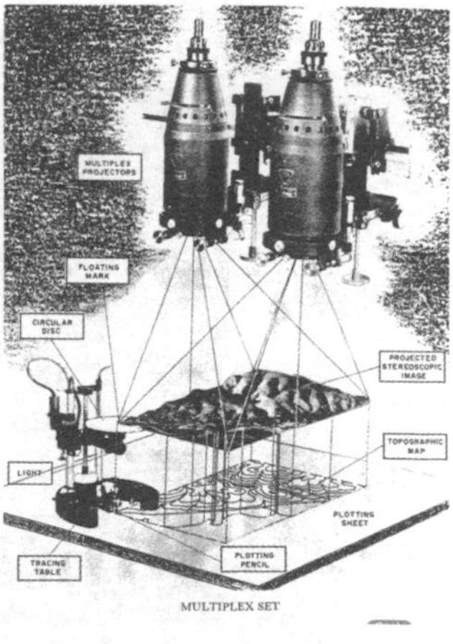

圖三十一　多倍投影儀組

圖三十二　轟炸襲擊之際拍攝的空拍照片

古巴導彈危機：當時即將卸職的美國總統艾森豪（Dwight D. Eisenhower）曾經警告某種「軍事-工業複合體」正在逐漸成形，一年之後，全球視覺科技使世界瀕臨核子戰爭的邊緣。一九五六年，美國中央情報局在執勤中啟用了最高機密的U2偵察機。U2偵察機在大氣上層、七萬呎（二十一公里）的極高處翱翔，並配備了高解析攝影機，這台相機極為敏感，因此駕駛員必須在拍照之際關閉引擎滑行。於是，它能從天邊偵測到長二點五呎（七十六公分）的物體。在一九六二年十月十四日，由里查．海瑟（Richard S. Heyser）少校駕駛的飛機拍下了古巴的照片，顯示籌備中的核子導彈發射場。

　　這幅照片的拍攝地點比第二次世界大戰時的拍攝地點還高三倍，但細節更清楚，特寫

圖三十三　U2偵察機從空中拍攝的古巴照片

也更近。這些配有仔細註解的照片就是視覺可作為壓倒性證據的經典例子，當時的蘇聯並不否認將把這個地點用於導彈，接著全世界進入了為期兩週的緊張僵局。儘管美國要求蘇聯撤除所有的軍武，載著武器的蘇聯船隻仍航向了美國在古巴的海上封鎖陣線，廣播節目同步報導著這場似乎勢所難免的衝突。實際上，美國和蘇聯當時正在祕密進行協議談判，於是蘇聯撤除了導彈，美國則撤除了部署在土耳其的一些導彈作為交換。就在廣播聽眾覺得似乎是最後一刻之際，蘇聯的船艦掉頭了。這個時刻是冷戰的縮影。一方面，最先進的視覺科技已經轉變了戰爭的性質；另一方面，各國領袖當時仍在不顧其人民的意見或感受之下，從事自己的策略。然而，引用美國國務卿狄恩．魯斯克（Dean Rusk）的話，當時全世界都認為這兩個超級強國已經「怒目而視，而對方卻先眨眼了」。甘迺迪便是運用空中監視來避免戰爭，並獲得了極大的政治優勢，顯現出領導者的氣勢，更使導彈從古巴撤出。

影像的戰爭

隨著蘇聯在一九九一年解體，冷戰告終。美國挾其視覺科技能耐，發現自己具有壓倒性的軍事優勢。但視覺文化學者米契爾仍將冷戰結束十年後的九一一以後的時期命名為「影像戰爭」

（2011）。如果說可視化是十九世紀的將軍的任務，如今，影像已經在觀念之戰中頻繁被用來當成武器。一如克勞塞維茨會抱持的理解，影像在此的首要任務是達成政治目的，畢竟影像無法像傳統的武器造成具體的損傷。儘管如此，影像仍能很快地導致實際的苦難。

值得注意的是，在影像戰爭轉變之際，正是年輕的、都會的、聯網的全球社會開始成為大勢所趨的時刻。當拿破崙還是年輕軍官的時候，曾在巴黎射殺革命分子，他總說自己的可視化戰術在城市或山區並不奏效，而這些地區往往是今天的暴動地帶，再者，大部分的人現在都住在城市。戰場的時代結束了，取而代之的是某種焦慮，人們擔憂地球上任何一個地方隨時都可能發生暴動或恐怖攻擊。而在數位的時代，傳統的權力平衡因影像戰爭就此改觀。二〇一四年有一個引人注目的例子，名為伊斯蘭國（Islamic State或ISIS）的團體開始處決人質並拍成影片加以運用，這些駭人的景象促使美國總統歐巴馬放棄他之前的堅決主張——認為「伊斯蘭國」只是「後備隊」的一組人，不值得美國憂心，並宣告對他們發動長期戰爭。當然，我們應當努力避免任何一個人受苦，只不過這次因為這些影片而動員了全世界最龐大的軍隊，仍然令人非常震驚。

我們可拿柯林．鮑威爾（Colin Powell）將軍在二〇〇三年對聯合國提出的向伊拉克開戰報告，以及古巴導彈危機相比較，來指出這個轉變。鮑威爾聲稱，伊拉克擁有大規模毀滅性武器一事是「證據確鑿」，而他最重要的證據是一組仔細標出了重點的照片。這些於一九六二年拍攝的古巴照片其實只顯示了導彈拖車，但鮑威爾想提出更複雜的論據，他聲稱這些照片不僅顯示出伊拉克製造了化學武器，還費了許多工夫加以隱藏。那幅照片在被拍下的一九六二年時已單獨地成立了，而在二〇〇三年，兩幅畫面被結合在一起，成為一張充滿注釋的PowerPoint幻燈秀。

一九六二年的照片圖說很精簡，而且純粹是描述性的，但二〇〇三年的這些照片則布滿注釋。這或許是人們首次把微軟PowerPoint簡報軟體用於政治，該軟體就是設計來讓人做這種簡單的比較。

鮑威爾將一般的觀看和專門的可視化區分開來，他向聯合國表示：「我即將向各位展現的照片有時是一般人難以詮釋的，對我來說也

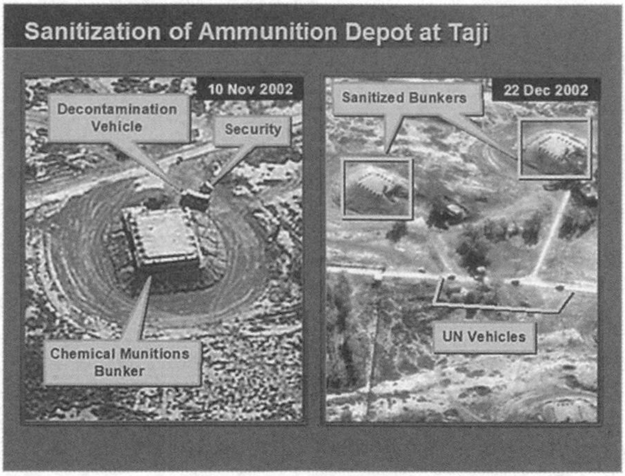

圖三十四　鮑威爾對聯合國的報告中的幻燈片

一樣困難。分析照片的苦工讓專家們投注了多年的經驗，在打光的桌上細看了好幾個小時。」從前，由將軍詮釋戰場的可視化，如今則有專門技術人員為他代勞。這些解讀對一般人來說太過困難，甚至對將軍亦然。於是，螢光黃的標籤為我們指出論據。左方的照片中，一座沒有鮮明特徵的建築物被貼上「化學彈藥庫」的標籤。然而，這暗示了聯合國應該從保安設施和發生意外時會出現的毒劑消除車來推斷這棟建物的功能。右方的照片中，特別標示出兩棟建築物，註明「消毒過的燃料庫」，意思是指毒劑消除車和保安設施已經不在了。戲劇性地，幾輛屬於聯合國的車輛剛好抵達，意味著被派到伊拉克的武器檢查員被這番矇騙所愚弄了。這些人為何要這麼做？鮑威爾斬釘截鐵地回答：「這個問題只有一個解答：為了欺瞞、隱藏、隱瞞檢查員」。一九六二年的照片中，我們清楚看到的一輛拖車就是拖車。二〇〇三年，鮑威爾則斷言這張照片顯現出我們實際上看不到的東西。

二〇〇三年三月十九日，挪威檢查員瓊恩．西耶何姆（Jorn Siljeholm）向美聯社透露：被貼上毒劑消除車標籤的東西實際上是一輛水車，但為時已晚。同一天較晚的時候，聯軍轟炸了巴格達，第二次波斯灣戰爭就此開打。儘管當時有幾百萬人進行反戰示威，任內的美國總統喬治．布希（George W. Bush）卻刻薄地表示他並未注意「焦點團體」。可視化的證據凌駕了所有民意，只因為那是專家分析的結果。直到後來，全世界的人才恍然大悟：伊拉克並不擁有大型毀滅武器。那幅畫面的註解有誤，但至今我們仍不清楚這是出於好意或是惡意。

在布希的「全球反恐戰爭」（Global War on Terror）的新邏輯之下，影像戰爭之勢更為高漲，根據這番邏輯，世界的每個空間都是「非友即敵」。從空中可視化戰場的任務如今擴散到整個地表。在冷戰期間，世界被分成兩個地帶：蘇聯和西方。戰爭發生在這些地區的邊界，或像是越南等紛爭區域。美國和蘇聯本身只有在情勢爆發成一場「熱」戰爭之際才會成為戰區，就像古巴導彈危機期間所造成的威脅。這稱為「圍堵」（containment）。九一一事件之後，整個世界都變成潛在的戰爭地點，只不過不會是典型的戰鬥，更不會是全球的核子戰爭，而是反暴動或地區性戰爭。

今日的敵對異於具有「權力平衡」的冷戰，甚至算不上是戰爭。影像戰爭就像所有的暴動，是不對稱的戰爭，換言之美國及其盟軍具有壓倒性的軍力優勢，但仍會捲入無法單純用正式戰役打贏的交戰。這些戰爭之所以不對稱的另一個原因是：各方擁護者都自認為很有道理，而絕對不承認另一方有任何道理。

類似地，影像戰爭以不對稱的方式展開。例如，當初策劃九一一事件陰謀的人打算發動那樣的攻擊，最主要是為了替媒體創造出一場奇觀，先藉由第一架飛機及時吸引無數的媒體，接著馬上發動第二次攻擊。另一方面，美國在古巴的關塔那摩灣（Guantánamo Bay）開闢集中營之際，發布了穿著橘色連身衣褲、戴著剝奪感覺的耳機和護目鏡的俘虜照片。然後，自稱是聖戰分子的人以暴行處決西方人質的錄影來「回應」這些照片，這些西方人質也被迫穿上類似的連身衣褲。美軍最初發明了網路，讓人能在核子戰爭爆發時傳遞訊息(Abbate 1999)，如今已變成不對稱媒體，流傳著恐怖的影片。在此，人們被激起去看「可憎」(obscene)的東西——這是沒有囊括在場面中或舞台上的東西，過去向來是指希臘悲劇中，沒讓觀眾看見、只以口白向他們描述的暴力。在影像戰爭中，展現暴行再以此宣告勝利成為重點。當記者詹姆斯．佛利(James Foley)被伊斯蘭國於二〇一四年處決，倫敦警務處聲言：「依照反恐怖主義法規，在英國境內觀看、下載或散布激進派的素材，可能構成犯罪」。但在記者施壓之下，官方消息來源仍無法說明這實際上違反了哪些法規。國家的憂慮昭然若揭：這樣的媒體正在把英國年輕人捲入「伊斯蘭聖戰」之中，而警察想切斷這個關聯。

中央情報局將這樣的反彈稱為「反撲」(blowback)，而為了努力加以預防，遂達到了影像戰爭時代的高峰——「震撼與威嚇」(Shock and Awe)轟炸，美國即以此展開對伊拉克的入侵。一九九六年，一份向美國國防大學(National Defense University)提呈的報告主張：美國此時應該謀求「透過強加『震撼與威嚇』的方法去動搖敵方，使其無法抗爭或回應我們的策略性方針目標的意志、洞察和理解」。[4] 二〇〇三年三月，美國大規模轟炸伊拉克，這是運用這番策略的第一番具體成績，其目的是縮短戰爭期，他們同時因為打擊敵方以及所有國內戰爭對手導致了百姓傷亡

(Mirzoeff 2005)。一如九一一攻擊,「震撼與威嚇」的一個關鍵面向是:未直接遭受攻擊的人也必須看到。

伊拉克的影像戰爭在國家層面上大獲全勝,但卻在伊拉克人民之間一敗塗地。薩達姆·海珊(Saddam Hussein)的政府幾乎立刻瓦解,但同時有人籌劃著另一場出乎意料的暴動,繼而發動不對稱影像戰事。於是,我們看到了之前從來沒想過會看到的東西,像是從位於法魯加(Fallujah)的一座橋懸吊而下的燒焦屍體。如果你知道在哪裡可以看到這些畫面,或者願意去看,便會看到網路上反覆刊出「戰利品」照片,連軍人們也在發布未經過修飾的屍體照片。網路上甚至也出現叛亂者影片,聲稱可以看到簡易爆炸裝置的爆炸,以及對聯軍的各種攻擊。這些畫面展現了令人咋舌的暴力,但因為永無止盡的重複撥放,很快就變得稀鬆平常。

當美國在伊拉克阿布格萊布市(Abu Ghraib)監獄的俘虜照片於二〇〇四年四月公開時,影像戰爭的可憎就此公諸於世。更加令人震驚的是:前任獨裁者薩達姆·海珊當初建造這座監獄,就是為了將之作為一間凌遲所。即使至今,仍有一些照片尚未被公布出來,但已被公布的照片已經夠令人膽顫心驚。那些囚犯被迫進行同性性行為、光著身體、繫著狗皮帶在地上爬,還被要求以「壓迫姿勢」站立,他們張開手臂,或伸著手臂、懸吊在空中。然而,之後的調查卻判定,這些動作大部分都不是性方面的懲罰,而遵循「標準作業程序」(Gourevitch and Morris

2008）。儘管如此，這些照片的可鄙之處是：一場戰爭中的苦難已公諸於世，聯軍卻盡其所能去湮滅這樣的證據。此外，當時大部分的西方媒體將聯軍塑造成創造民主、擊潰高壓獨裁專制的一方，突然出現的這些照片因此打破了那些媒體當時呈現的「好」戰爭的不對稱。如果我們忽略影像戰爭的政治脈絡，單純將這些照片視為影像，這是些使得人心惶惶的照片，而且屬於最著名的伊拉克戰爭照片的一部分。但在這個醜聞事發十年之後，我和許多學生交談——他們在戰爭當時還是小孩，後來都不知道這些照片是什麼，只說不曾看過這些照片。

無人作戰機的崛起

阿布格萊布的醜聞曾經引發相當大的震撼，同時也是昭然若揭的證據，證明了影像戰爭並未在地面上獲勝。由美國帶領的聯軍未能成功地「震撼與威嚇」抵抗。不論是什麼原因，儘管聯軍多次成功「湧入」伊拉克，卻似乎無法避免情況惡化（2007-8）。要打贏一場不對稱戰事並非易事，因為那裡沒有要征服的重要都市，也沒有豎立旗幟的地方。規模頗小的行動會令人以為衝突似乎仍然持續，一如我們已經在伊拉克和阿富汗所見的情形。影像戰爭一旦開打，即證明了是難以遏止的。一些事件導致了駭人的後果，而顯然同一時刻的其他事件則不存在。有時，我們再也不清楚到底該如何施政——不論是藉由戰爭或其他的手段。於是，人們決定以其他手段開戰。

戰爭已經回到空中——但又略為不同。如今無所不在的無人飛行載具(Unmanned Aerial Vehicle, UAV)或無人作戰機從上空將戰爭行動可視化，與從空中將世界看成戰場的漫長歷史是互相連貫的。「震撼與威嚇」的原本目的是鎮壓整批人口，如今已演變成殲滅看到的目標，藉以徹底斬除群龍無首的反抗組織。再也沒有戰場，只有被監視的地區。那些地區已經延伸到正式的戰鬥區域以外、進到政府關切的所有主要區塊，這些關切以前從隱喻的意義上被稱為「戰爭」，例如邊境安全和藥物。無人作戰機確實以其他手段將政治化為戰爭，政治官員不僅可決定是否要以特定的個人為目標，甚至還觀看結局。

在空中反叛亂的關鍵轉變時刻發生在二〇一一年五月一日，美國特種部隊執行鎖定賓拉登(Osama bin Laden)為目標的謀殺之際。殺害賓拉登的行動清楚而心照不宣地標示出了轉變：全球反暴動的政策已轉往鎖定目標的謀殺，不論對象身在何處。

這個事件的官方視覺紀錄顯示，歐巴馬總統當時有和其他最高官員看著應是這項任務的現場播送影片畫面，高官們都看到事發經過，歐巴馬卻拒絕發布殺害賓拉登的任何一幅照片，甚至在這個消息尚未宣布之前，就把賓拉登的屍體葬於海中。歐巴馬透過拒絕公布賓拉登的照片

圖三十五　歐巴馬觀看突襲賓拉登

向所有人昭告：這場不對稱的「影像戰爭」已經結束。即使透過證明賓拉登死亡的照片或影片能達到「勝利」，但當蓋達（al-Qaeda）[b]組織將之作為政治宣傳來使用，則這番勝利也就徹底抵銷。

這次極不尋常的處決開啟了後來的無人作戰機之戰的先河。無人作戰機實際上是台能飛行的影片攝影機，通常裝配著飛彈。「掠食者」（Predator）這台無人作戰機（見圖三十六）載著一顆「地獄火」飛彈（Hellfire）和一顆重達二十磅（九公斤）的高爆彈頭。操縱者可坐在幾千哩以外的空軍基地的拖車中，用來操作恰是遊戲玩家會用的那種搖桿。無人作戰機可以到達任何地方，但是相較於間諜機照片，無人作戰機傳回來的影片遠沒有那麼精準和細緻，而是些缺乏景深、模糊而平面的難以理解影像。操縱者通常將所殺害的

圖三十六　MQ-1「掠食者」無人作戰機

人稱為「拍蟲」(bug splats)，指昆蟲的驅體在汽車擋風玻璃上濺開的樣子。曾有走漏的文字記錄顯示，有分析員爭論著影像裡的某個東西到底是不是武器。從U2偵察機所拍的照片雖然清晰，但等到照片被處理好的時候，帶著武器(如果那真的是武器)的人可能已經不在那裡了。現在的無人作戰機，讓人可以在被認定是叛亂分子的人尚未運用武器之前，就選擇先行射殺。

二〇一二年五月，白宮向《紐約時報》(*New York Times*)透露，歐巴馬總統每週會裁定一份「殺掉或逮捕」名單給情報局。如果你的名字列在這份名單上，情報單位會試著以無人作戰機攻擊或其他手段謀殺你，然後替這番行為要求法律庇護，甚至連美國一般公民都曾經這樣地被盯上。這是最高當局行使的典型權力之一，國王最行之久遠的權力之一即是droit de glaive，字面的意思是「劍的權力」，意指可決定誰死誰活的權力。陪審團審判和其他機構已經隨著時間大為削弱了該權力，一直到數位科技突然使它捲土重來。一位總司令必須得到國會認可才能參戰（至少在理論上），但這些殺害卻單由執行的支部所定奪。在此，政治再度是透過其他手段的戰爭。戰爭的目標再也不是打贏，而是獲取充分的政治利益——這個情況在美國尤其如此，以便將這個行動合理化。由此觀之，則這一切或許不那麼令人意外——人們目前是藉由從無人作戰機射擊的飛彈進行被可視化的戰爭，並且從本國的領土加以操控、基於也是在遠距離的家中所作的最高決策。至此，將軍撤出戰場、提高戰鬥可視化的這段漫長歷史臻至了（真正的）新高點。

如今，無人作戰機逐漸遍布全球。二〇一三年初，隨著馬利、查德、蘇丹及其他地方的伊斯蘭激進派所獲得的關切愈加提高，美國在世界上最窮困的國家之一尼日建造了一座無人作戰機基地，讓軍方研發新等級的微型飛行器（Micro Aerial Vehicles, MAV），其寬度僅在十五吋以下。

較大型的微型飛行器——例如圖三十七中的裝置，其設計是用於長程勘查。以今天派出一架UAV的同等價格，即可布署幾千個這種微型飛行器裝置。無人作戰機的數量正快速增加，軍事化的觀看戰場方式因此被延伸到其他領域，其中最有效的功用是作為監視平台。二〇一三年，亞馬遜（Amazon）網路書店表明：全世界正逐漸轉變成某種形式的視覺戰場，並宣稱不久後將以無人作戰機遞送包裹。而早在二〇一五年，美國聯邦航空局（Federal Aviation Authority）就已經打算將這種無人作戰機納入聯邦管理的美國領空。全世界的警力都亟欲運用小型無人作戰機，一如行動主義團體想用它們來監控警方。無人作戰機的擴散從美國在阿富汗、伊拉克和葉門的積極反暴動地帶開始，被用來從空中監視美國和墨西哥邊境、中美洲的販毒集團，以及最近在北非和西非的反叛活動。

然而，其結果並非總是如此清楚。「維基解密」（Wikileaks）於二〇一〇年發布了一部影片，顯示在二〇〇七年，地方的一名路透社記者因為相機被誤認成武器，被直升機上的人員殺害。雖然無人作戰機操作員並不決定是否開火，但電玩遊戲中先射為快的戰術似乎已經大

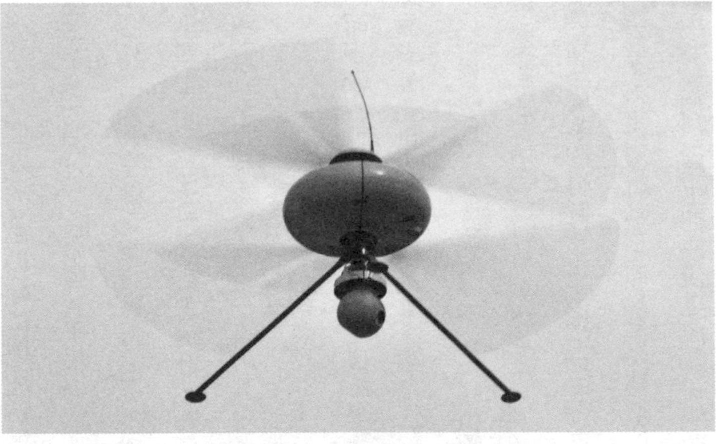

圖三十七　「黑色大黃蜂」（Black Hornet Nano）無人飛行器

行其道。根據《哈潑雜誌》(*Harper's Magazine*)著名的「索引」(Index)核對事實單元，在二〇一二年，巴基斯坦被無人作戰機殺害的六百零七個人之中，僅有兩個人是在「最高通緝」的名單上，也只有百分之二的死者是「塔利班」(Taliban)或「蓋達」組織的領袖。[5] 有鑒於平民傷亡如此慘重，毋怪乎巴基斯坦和阿富汗政府愈來愈排斥和美軍合作。尤其在缺乏官方數據之下，很難確定死傷人數到底是多少。據哥倫比亞大學法學院(Columbia Law School)的報告估計，在二〇一一年，光是在巴基斯坦，被無人作戰機殺害的人就有四百五十六到六百六十一人，其中七十二到一百五十五人是平民(Columbia Law School 2012)。

以工業化戰爭的標準來看，這些數目微不足道，而相較於世界型戰爭或後殖民戰爭斷送的數百萬條人命，更是遜色許多。儘管如此，這個殺人手法本身的精準帶有某種特殊的恐怖。被無人作戰機看見，等於可能被宣判死刑。記者史迪夫．柯爾(Steve Coll)在二〇一四年引用北瓦奇里斯坦(North Waziristan)的部落領袖馬利克．賈拉爾(Malik Jalal)的話，大意是：「無人作戰機可能僅殺害少數人，但讓更多人懼怕」。[6] 此外，英國藝術家詹姆斯．布萊鐸(James Bridle)也說過，無人作戰機「體現網絡的許多特性，遠距離觀看、遠距離行動，而且還是隱形的」。[7] 換言之，我們任何一個人也可能被無人作戰機盯上，因為我們已經生活在使之成為可能的網絡中。不僅如此，這個情況還讓人覺得無生命的網絡活了過來、並監看著我們，宛若現在大受歡迎的殭屍題材電影和電視的數位版本。隨著全世界百姓都感到身處於愈來愈嚴密的監視之下，好似可以推測我們所有人的未來將被無人作戰機監管。

一些業餘愛好者和商業單位開始普遍使用一種小型無人作戰機，這種小型無人作戰機用大約和iPhone手機相同的數位零件所構成，包括信息處理器、電池、全球定位系統（GPS）和照相機，它可以和輕航機與直升機執行相同的任務，但花費更低廉的資金。這些任務可能是巡視電纜線或作物、尋找失蹤的登山者，或噴灑殺蟲劑。這些作戰機原型銷售得很好。彷彿我們手中的行動電話有了生命，被帶到空中，並監視著我們。

無人作戰機象徵了全球視覺文化的新時刻。它透過無數難以分析的低畫質影像，產生出空中鳥瞰的景象，本身更配備了致命的飛彈，這是一種部署在全球的聯網設備。而新的微型無人作戰機的出現，可預測它將進入傳統軍隊較難行動的城市裡。所以，若想瞭解新興的無人作戰機領域，我們必須進入它的版圖：網絡以及城市。

a．譯註：原文pattern亦指「圖案」。
b．譯註：阿拉伯語，意指「基地」。

第四章
螢幕上的世界

一八九五年，一對兄弟在繁忙的現代巴黎安排了一種新的娛樂。奧古斯特（Auguste）和路易·盧米埃（Louis Lumière）租下大咖啡館（Grand Café）的地下室撞球間，展示他們針對新動態影像的版本。在這之前，已經有著各式各樣的娛樂活動，試圖製造出動態影像的幻覺。一位法國攝影師路易·艾梅·勒·普杭斯（Louis Aimé Le Prince）在一八八八年率先想到剪下照片，將它們固定在一條帶子上，然後投射光線、穿過照片。湯瑪斯·愛迪生（Thomas Edison）在一八九一年為他的電影放映機（Kinetoscope）取得了專利，並從一八九四年開始舉辦公開的示範。人類的眼睛察覺到一幅影像時，影像會在其中留存一會兒，這個現象就是我們所知道的「視覺殘留」。這造成的效果是：如果在一秒之內顯現超過十二個影格，就會讓人的視覺產生動態的幻覺。愛迪生在每一秒顯現出四十八個影格，導致他的設備發出許多雜音。盧米埃兄弟則選擇了每秒顯現十六個至二十個影格，並且採用一種縫紉機裝置，以讓影格更順暢地通過。現在，這些放映被視為現代電影的肇始之一。

從一八九五年起，人們已經從銀幕上以動態影像的形式來觀看世界。於是，我們所見的世界也被我們看它的方式所型塑和安排，這些看的方式從電影到電視，以及今天的數位網絡。過去和現在的差異是：人們從前必須到某個特定場所才能觀看銀幕，而現在螢幕則和我們如影隨形。本章將「鐵路」和「數位媒體」，視為造成看世界的不同方式的兩個至要網絡。從一八四〇年起促成工業革命的鐵道網絡和電影相互扣連，創造出視覺世界的一個形式。今日，網際網路造成的遍布各處的網絡正在產生另一個世界，而我們從小型的像素螢幕上加以觀看。我們雖然知道鐵路的發展如何改變了世界，但才正在開始經驗和了解可攜式螢幕文化的影響。

火車即景

在許多記述中，據說《火車進站》（*The Arrival of a Train at La Ciotat*）是盧米埃兄弟的第一部影片。但實際上，他們直到一八九六年才拍攝了火車，而現在人們熟知的這部五十秒的影片則是在一八九七年拍攝的。

他們的處女作影片似乎實際上是在一八九五年十二月二十八日拍攝的。這部以《工人離廠》（*Workers Leaving the Factory*）為標題的影片所展現的正如標題。我們從片中看到的女人們正在盧米埃兄弟擁有的興旺的攝影感光板工廠工作，於是兩兄弟能有時間和資源來進行其他計畫的試驗。如果將這兩部著名的影片放在一起，可以看到工廠勞動及鐵路所造成的工業時間和空間如何帶來特有的看世界的方式，而這個方式就是：動態影像。

在這些一鏡到底的短片中，動作的時刻由此展開。包含許多女性的工人們，在值班工作結

圖三十八　盧米埃(Lumière)兄弟的《火車進站》(*The arrival of a Train at La Ciotat*)電影畫面

圖三十九　盧米埃兄弟的《工人離廠》(*Workers Leaving the Factory*)電影畫面

束時離開工廠，並經過攝影機旁邊。一列火車抵達車站。根據一則廣為流傳的趣聞，觀看影片首映的觀眾在看到一列火車向他們駛去時，感到大吃一驚，於是從放映室奪門而出。但電影史學家已經指出這並非事實，特別是因為這部火車影片並未被放映（Loiperdinger and Elzer 2004）。值得注意的是：這些歷史上首批動態影像的主角，故意忽略自己正在被拍攝的事實。盧米埃兄弟必然指示他們的員工這麼做，並且籌劃了那群女人之中發生的視覺意外：首先是一個騎單車的男人，然後是一匹馬和馬車。他們以類似的方式精心安排了《火車進站》，讓幾位家族成員在影片中出現。

在工廠和火車站拍攝電影——這項看來單純的事實，標示出對現代性（modernity）極為關鍵的幾股主力。該時期的作家們已經將一八四七年至一八五七年間的十年的鐵路擴張，比擬為哥倫布之後的時期、歐洲和美洲交遇的時代。也就是說，鐵路正在開創世界，就像今日經貿全球化和聯網電腦的結合造就了無時不刻持續更新、和它本身相互映照的世界。鐵路開創了一番新的世界經濟，這產生出其特有的時間和空間；人們認為這促成了動態影像的發明。畢竟，最早的動態影像就是人們從火車窗戶看到的畫面（Schivelbusch 1987）。

鐵道時代肇始之際，政治哲學家卡爾・馬克思（Karl Marx）以鐵路技術作為一種世界觀的隱喻（〔1859〕1977）。一個十九世紀中期的歐洲人會用鐵道的暗喻，或是在今天聽到有人將人的心智比擬成電腦——這兩者都不令人意外。馬克思透過後來影響深遠的說法主張：人類社會和意識就是他所謂的上層結構（superstructure），它們仰賴工廠、礦產和其他形式的生產所構成的經濟基礎結構（infrastructure）。這些詞彙都直接取自鐵路：基礎結構是指軌道以及與其相聯的系統，上層結構則是火車。簡言之，對馬克思而言，人類的心智是在經濟的軌道上奔馳的火車。

鐵路改變了人的生活方式，造成它特有的時間和空間。今日仍然沿用的現代時區最初在設計時，即是為了編列出精確的鐵路時刻表。前此，各地具有其特定的地方時間。英國鐵路系統採用倫敦時間作為標準時間，成為後來的格林威治標準時間（Greenwich Mean Time）。在一八五五年，大部分的國家計時都採用了這種時間，儘管法律業界一直到一八八〇年之前都繼續沿用地方時間。美國依循了類似的模式。一八八三年，美國鐵道公司創立標準時區，但一直到一九一八年才被國會合法化。在此之前，時間全然因地而異，此時則變成在大塊地區時間都一致，而在某個特定的點驟然改變時間。也可以用另一個說法描述這個情形：火車問世之前的時間是以指針顯示的，意指它在每個地方都一樣依照和太陽的關係來校準。之後，時間變成數位的，意指它變成由小時這個任意的單位（就像電腦的一或零）構成的。

工廠在新工業勞動力上讓這項改變變得真實。工業化肇始之初，工人會在工作天裡、想要的時候就出去晃晃，或在疲倦時小睡片刻（Thompson 1991）。他們將農業生活的習慣，帶入工業的實務中。然而，人們很快就覺得工作天的存在是「自然而然」的，而工作日就是應該盡可能長時間投注於工作。雇主和員工不時就延長或縮短工時的問題發生爭議。鐵道網絡的創造讓人能住在市中心以外，並通勤到市中心工作。在一九一〇年，所有的法國人之中，有三分之一的人購買定期火車票，每天通勤進入和離開市中心。一個世紀以後，法國仍然是鐵路運輸量最高的歐洲國家，一年的「延人公里數」(passenger-kilometres)高達八百八十億公里。

盧米埃兄弟拍攝的兩種景象，刻畫了抽象秩序以某種龐大而顯著的方式強加在時間和空間上。遍布全國的軌道網絡讓火車能夠依照時刻表所註明的、在規定的時刻抵達。車上的乘客等到火車慢下來，然後開門，而候車的乘客們則後退，讓車上的乘客下車。我們的身體依循機器的節奏和要求而調整。在工廠的景象中，一天終了之際，大門象徵性地被開啟並搖晃，接著是安靜的工人組成的井然有序隊伍魚貫地返家，這不啻為工作紀律勝利的視覺呈現。

火車和電影在推軌鏡頭(tracking shot)上面融合起來。在盧米埃兄弟的影片中，動態感來自火車或離去的人們，攝影機本身是維持固定不動。大約在第一次世界大戰之際，電影導演開始將攝影機架在現在人們所知的「鏡頭推車」(dolly)上，這是附有輪子的小推車。鏡頭推車從前和現在都是沿著一組軌道而移動，直接就是模仿鐵路的軌道。如果電影式的觀點是從火車看到的景象，那麼鏡頭就是從軌道上拍攝的。大約在這個時候，動態影像不再那麼新奇，觀眾數量也開始減少。一些放映師讓觀眾坐在類似火車車廂的空間裡，並將影像投映在窗戶上。火車變成電影院和現代景觀的所在。

蘇聯前衛電影導演吉加．維爾托夫（Dziga Vertov）想讓攝影機不受人眼所侷限，並想提供裸眼無法做到的觀看方式，它即從火車開始：

> 我正從火車站回來。我的耳朵裡仍響著離去的火車的發動聲和蒸氣噴發聲。有人高聲大笑、一聲口哨、車站鐘響、鏗鏘作響的火車頭……呢喃、喊叫、道別。而我一邊走遠、一邊想：我必須找到一種機器，不只是用來描繪這些聲音，還要能將它們錄影和拍照，……鋪陳視覺的世界，而不是聽覺的世界——這是否就是答案？[1]

於是，維爾托夫如此地將攝影機想像成一整個新形式的知覺組構，影響所及超過視覺。這就是他在一九一九年提出的一語雙關的著名宣言的意涵：「我是眼睛。我是一隻機器之眼。我，一台機器，向你顯現世界，因為只有我能看見它。」[2]

維爾托夫和其他藝術家一起從政治宣傳火車上將電影帶給蘇聯人民，這將藝術帶到都會中心以外的地點。電影直接從火車播放給鄉下的觀眾。在這樣的時刻，火車、視覺文化和現代的理想產生交互作用，以開創出新看世界的新方式：火車創造可見的世界——讓人在其中生活、工作和想像自己的世界。

封閉的世界

在冷戰時期（1945-1991），像是《相見恨晚》（*Brief Encounter*, 1954）（由大衛・連恩〔David Lean〕執導）、《決戰三點十分》（*3.10 to Yuma*, 1957）（由戴瑪・戴維斯〔Delma Daves〕執導）或《火車上的小姐》（*Lady on a Train*, 1945）（由查爾斯・大衛〔Charles David〕執導）等經典的棚拍電影都以火車作為行動的主要地點。愛情和謀殺如今發生在火車上。電影已經從火車上所見的景象轉變為以火車內部為場景。這些電影都以隱喻的方式描繪歷史學家保羅・愛德華（Paul Edwards）所謂的由冷戰所想像的「封閉世界」，「其中的每個事件都被詮釋成超級強權之間的大爭奪的一部分」（1996）。愛德華強調，在建構這番誇張的信念——全球生活每個面向都會被監視和控制——之際，「隱喻、技術和虛構」的重要性一如武器系統和電腦。電影將火車運用成封閉世界的隱喻，並教人信以為真。

一九五一年，電影導演希區考克（Alfred Hitchcock）將這些主題匯集在他的經典之作《火車怪客》(*Strangers on a Train*)中。在戲劇性的開場片段中，我們以攝影機的方式觀看，或更精確地說，彷彿我們就是一架攝影機。攝影機跟拍抵達火車站的兩個男子。我們只看到他們的鞋子，而這已經足夠向觀眾說明一個男人有點雅痞，因為他穿著黑白雙色的鞋子，另一個男人的衣著則是當時標準的黑皮鞋，他並帶著網球拍。影片接著跳到彷彿從火車本身所見的景觀。

攝影機以火車的方式觀看，而軌道佔滿整個銀幕。在此，火車充當攝影機的推車，於是「我是一架攝影機」也變成了「我是一列火車」。火車是必須沿著架設的軌道的封閉世界。就在那時，火車改變軌道，帶領我們的目光跟著它，顯示出我們不能自由觀看，而是被設定在特定的路線上。跳至下一個畫面。我們得知所

圖四十　希區考克的《火車怪客》電影畫面

看到的進入車站的兩個男人的身分，因為他們都上了「我們的」火車，並且面對面而坐。雅痞布魯諾．安東尼（Bruno Antony，羅柏特．沃克〔Robert Walker〕飾演）認出網球選手居．韓斯（Guy Haines，法利．格藍傑〔Farley Granger〕飾演），於是和他展開對話，並說他自己很想「幹點什麼」。

布魯諾在車廂裡吃午餐時，向居說明其完美謀殺的理論。兩個人在火車上晤面，各自都希望生命中的一個人被殺害。在他們的情況中，布魯諾憎恨他的父親，而居為了再娶，必須擺脫他的妻子。兩人於是分別為對方謀殺，而且讓人無法追蹤到他們和罪行的關聯。就在布魯諾著手擘劃詭計的那一刻，希區考克改變了攝影機的觀點。直到此刻之前，攝影機一直以所謂的正拍／反拍鏡頭的標準手法跟拍每個說話者，在兩人之間來回。其意圖是讓觀眾覺得自己參與了對話。新的畫面則讓我們能夠看到整個場面。

觀眾所見的畫面中，布魯諾在右方。那道模糊的線是經過車窗前的一根電報線桿，讓它出現在畫面中，是為了使觀者以為自己真的正在目睹從火車上所見的景物。這個剪接使我們意識到自己正在觀看一部電影，就如所有的動態影像都是從火車上所見的景象延續下來的。現在，重要的是在火車上的封閉世界裡發生了什麼，而不是我們從火車上能看到什麼。封閉的世界變成了第一章所論及的「男性注視」的絕佳環境。男性角色將情節向前推展，但他們只有在有限的選擇下才能做到。

跳到一九六七年、尚-盧・高達（Jean-Luc Godard）執導的《中國女人》（*La Chinoise*）片中的另一個火車場面。其中的跳接手法在時間和空間上做了跳躍。跳接曾經被視為很大膽的手法，畢竟觀眾或許無法跟上變化，但它如今卻是《法網遊龍》（*Law and Order*）這樣的電視節目的標準手法，在這個節目中，以註冊商標的「噠-咚」音效來預告跳接。《中國女人》是一部風格極為獨特的電影，而且往往不易觀賞。然而，在影片的中段，在年輕的毛澤東主義激進分子薇若妮柯（Veronique，安妮・瓦澤姆斯基〔Anne Wiazemsky〕飾演）和扮演其本身的行動主義分子-哲學家弗杭希・讓松（Francis Jeanson）有一場激烈的爭辯。高達讓演員位在火車車窗

圖四十一　希區考克的《火車怪客》電影劇照

的兩邊，這個畫面出現在整個片段中，再次提醒我們動態影像是由攝影機從火車裡所見的畫面。片中的插卡上拼出en train de這個法文片語，指「正在做某件事」。這個雙關語意圖顯示火車是介於兩者中間的空間，是在科技這個基礎結構（軌道）、概念這個上層結構（車廂空間）和連接它們的行動之間的空間。那個空間是電影本身的某種視覺韻律。當我們en train de，我們就在在電影網絡和鐵道網絡的交集所創造的封閉世界中。

在高達拍的畫面中，薇若妮柯描述她希望能採取毛澤東主義式的行動，關閉大學並促使學生必須進入真實世界。讓松一開始覺得有興趣，並描述他自己的文化行動計畫。然後他問薇若妮柯打算怎麼做，她提出激進的行動——

圖四十二　高達的《中國女人》電影畫面

而就如讓松所說的，那實際上就是恐怖主義。

他將她的提議和他親身參與的阿爾吉利亞革命相比較，這場革命受到全體人民、而不是一個小團體所支持。他凌駕於她之上，直到某一刻，她向他翻桌子，指出她還是個學生、因此受到壓迫，但他則不是。讓松承認這一點，儘管他顯然不認為她能成功。薇若妮柯堅決宣告年輕人的新特權、和超越封閉世界的侷限的可能，而儘管她的手段天真，她仍後來居上。一年之後、在一九六八年發生了學生起義，回顧之下，似乎證明她的立場是對的。

今日，我們比從前更少在西方電影中看到火車。這一部分雖然是因為人們不再那麼依賴火車——尤其是在美國，但也可能是由於火車的文化意義、因而還有透過電影引起的聯想已經發生了更大的改變。對許多乘客而言，火車只是用來連接郊區，而不是逐漸發展的現代性的化身。在電影中，火車如今往往蒙著猶太人大屠殺的陰影，被用來載運數百萬人到集中營赴死。一如馬拉松式的紀錄片《浩劫》（*Shoah*, 1985）（由克勞德．朗茲曼〔Claude Lanzmann〕執導）所明顯展現的，若沒有緊密整合的火車服務，則猶太人大屠殺不可能發生。朗茲曼的這部九個半小時的電影並未運用檔案影片或劇情片的片段，而只顯現生還者、見證人和籌備者的述說，以及當時拍攝的、如今已成為歷史性地點的地方。要等到影片已經進行了四十三分鐘的時候，最有力的電影時刻之一才出現。

圖四十三　克勞德．朗玆曼的《浩劫》電影畫面

影片先呈現一些人談論猶太人從波蘭鄉鎮和城市裡失蹤，然後就接到上述的場面。攝影機朝比克瑙（Birkenau）的滅絕營入口的殘象推進。沒有插入音樂或解說。我們感到攝影機和火車以某種極為特殊的方式彼此重覆。這是「鏡頭推車」或推軌鏡頭的最後高潮，在此推進到現代時期最卑劣的暴行之一的深淵中。它讓觀眾從觀看紀錄片的安全空間轉往一個不安的呈現，顯現抵達奧斯威辛-比克瑙（Auschwitz-Birkenau），並和被驅逐的人的畫面交疊。我們可以看到雜草在鐵軌上生長、空蕩蕩的周遭環境，這於是顯然是幻覺，但仍然深具感染力。

一九八五年，波蘭仍然是「華沙公約組織」的一部分，位居當時所謂的「鐵幕」背後。很少人造訪當地，當時人們對集中營畫面的熟悉程度遠不如今天。光是目睹奧斯威辛就令人震撼，遑論親自造訪。忙碌日子裡的火車乘客可能不會想到這個聯結，但猶太人大屠殺的電影出現了三十年之後，幾乎沒有電影導演不以火車入鏡，從《蘇菲的選擇》（*Sophie's Choice*, 1982）到《辛德勒的名單》（*Schindler's List*, 1993）、《為愛朗讀》（*The Reader*, 2008）和許多其他的電影。在每部電影中，火車都扮演關鍵的角色。現在，火車和現代歐洲的暴力的關係比火車作為進步表徵地任何概念都更顯著。

相對地，全球數位經濟的廉價勞力和廉價產品所仰賴的、中國一億五千萬移民勞工是，也是經由搭火車往返經濟特區的工廠和自己的家。根據報載，在二〇一四年一月的中國農曆新年，據估計，總共開出了三十六億趟火車，才將中國各地的工人送回家鄉；這（實際上）是人類歷史上最大規模的遷移。這些工人打造絕大多數的電腦、手機和平板電腦；西方人則愜意地在上面寫關於真實事物的終結以及火車的式微。有鑑於火車旅行在亞洲的高度重要性，它持續出現在亞洲電影中並不令人意外。東亞的火車很先進，中國和日本的的磁浮子彈火車時速高達四百三十公里（每小時二百六十八哩），速度超越所有歐洲和美洲的同類型火車。

在香港電影導演王家衛的風格獨具而意味深長的電影《二〇四六》（2004）中，那輛高科技火車扮演著關鍵的角色。這部電影受到希區考克以及高達的影響，吸收了西方黑色電影和多種前衛風格並注入封閉的中國世界。這部片主要的男性角色周慕雲（梁朝偉飾演）也經常透過窺視孔偷看女人，如同一部希區考克的電影。同時，這部電影的視覺風格形塑模仿高達，並沿襲他慣有的精簡、謎一般的對話：「每個去二〇四六的的人都只有一個目的，就是找回失去的記憶，因為在二〇四六，一切都不會改變。沒有人知道這是不是真的，因為去過的人，沒有一個回來過。」這列火車駛往二〇四六，不論那是哪裡，抑或這列火車就是二〇四六。在這部以一九六六年時期的香港為背景的電影中，二〇四六這個數字是周慕雲所租的飯店的房間號碼；也是在二〇四六年，香港這個英屬殖民地將已經正式回歸了五十年，中國將可以改變香港的組織方式。由於一九九七年香港回歸中國時的民主承諾並未實現，人們的抗議導致了二〇一四年的佔中運動，比二〇四六年提前了幾十年。火車是一個封閉的「載體」，所有上述層次的意義透過這個載體而連接，而也是在這個地方，記憶被喚起或失而復得。這批風格獨具的連接，描繪最後僅存的共產國家其封閉世界的餘年，在這個局面裡，情況與其說是死的、更像是沒死，是同時死去和活著。

地球村

頗為奇特的是，冷戰的封閉世界的產物之一是：大眾傳媒創造的地球村（global village）概念。在一個村落裡，每個人都知曉所有其他人的事情，因此地球村會是極致的封閉世界。「電視」(television)的字面意思就是「來自遠方的景象」，它率先將螢幕上的全球視覺文化變成可能，這番文化如今則透過數位網絡而誕生。電視的概念空間一開始是攝影棚，人們經常以很類似劇場的方式加以運用。戶外轉播和衛星播送瓦解了螢幕世界和我們居住的世界之間的界線。最早的直播是在一九五一年，也是電影《火車怪客》上映的年份。一九五一年十一月十八日，愛德華・蒙洛(Edward R. Murrow)在他的現場節目《現場請看》(*See It Now*)中運用了分割螢幕(split screen)，同時顯現布魯克林橋和舊金山海灣大橋(Bay Bridge)。現在我們可以從螢幕上看到的東西顯然已經超越人類視覺的能耐，而將多個不同的空間置入同一個畫面中，跨越時間和距離的侷限。

對於冷戰中的雙方，太空似乎是在瓦解人類行動侷限上的「最後邊境」(final frontier)[a]——此處引用《星際爭霸戰》(*Star Trek*)中的句子。蘇聯的史普尼克(Sputnik)衛星在一九五七年首度航行在軌道上，它是前所未見的。美國擔憂在科技上落後，於是在太空方面大量挹注。他們早在一九六〇年就推出了一個通訊衛星的原型，促成「電星」(Telstar)這個跨國計畫在一九六二年的成功開展。人造衛星當時雖然主要用於軍事，但也對日常生活產生巨大的影響。此時，可以將新聞事件即時呈現在國內外的電視上。一九六三年十一月，暗殺約翰・甘迺迪(John F.

Kennedy）、兇嫌李・哈維・奧斯華（Lee Harvey Oswald）繼而被傑克・盧比（Jack Ruby）殺死、以及甘迺迪的葬禮是最早的「直播」媒體事件，型塑當時美國的全國輿論。

從刺殺到葬禮之間的四天，共有一億六千六百萬人收看了電視報導。所有原本的節目都取消了，也沒有廣告，而（當時僅有的）全部三個電視網絡不間斷地播出新聞。電視節目中剪輯了甘迺迪的生涯和他的死亡的畫面，將甘迺迪傳奇烙印在人民心目中，並立即創造出偶像人物，像是顯現年輕的小約翰・甘迺迪向父親的靈柩致意的鏡頭。甘迺迪及奧斯華的死是最早透過直播被看到的殺人事件。近距離觀看被射殺的奧斯華的同時也看到殺手，格外令人觸目心驚。在有電視的家庭，人們平均收看三十二小時的電視，代表電視機一天開機八小時。當時的特殊狀態很快就變成常態。

全都收看同樣的事件、使用同樣的廣播電視畫面，並對這些畫面達到集體觀點的全球觀眾，這似乎標示出世界史的一個新方向。加拿大媒體理論家馬歇爾・麥克魯漢將這種集體觀看稱為「地球村」。他認為「吾人時代的全部電子領域的文化」已經再度創造出他所謂的「部落社會」（tribal societies）的狀態（1962）。由於人類感知的電子性延伸大幅縮減了空間，世界如今遂成為一座村落。麥克魯漢在《認識媒體》（*Understanding Media*, 1964）中，宣告世界實際上正在內爆。他認為他所謂的現代性「視覺文化」正被電視轉變成一種新的「聽覺-觸覺」形式，而這或許也是首次有人提出「視覺文化」這個詞。對麥克魯漢而言，電視是一種「冷」媒體，觀眾必須下很大一番功夫去重建和闡述當中的訊息，不同於電影這種「熱」媒體。簡言之，引用他的名言：「媒體即訊息」。重要的是媒體運作的方式，而不是媒體做些什麼。這番對形式的著重並不是指媒體不重要。相反地，麥克魯漢堅決主張：「若不了解媒體如何作為環境而運作，則完全不可能理解社會和文化變遷」。[3] 本章在那個意義上依循麥克魯漢的見解，而將不同的媒體形式視為開創不同的世界。

回顧來看，地球村時期（從甘迺迪之死延續到九一一攻擊的）頗為短暫。在這個期間，全球的電視觀眾共同觀看戲劇性的事件，像是人類首次登陸月球（1969）、英國王子查爾斯和黛安娜的婚禮（1981）、柏林圍牆倒塌（1989）以及九一一攻擊（2001）。於是，在僅僅五十年的進程中，由於科技的發達，觀看改變世界的事件變成了人們生活中慣常的部分，而收看這些事件的數億人可能卻對傳播科技如何運作所知甚少。曾經活在當時的人都能回想起在甘迺迪總統遇刺，或九一一攻擊發生時收看電視節目。今天，新聞傳播除了透過電視新聞快報之外，同樣也透過臉書、Reddit網站、推特以及其他這樣的應用程式。

媒體再也不那麼崇尚形式，而將重點放在內容。一本書可能同時具有電子書、有聲書、錄影帶或布萊葉（Braille）盲人讀本以及紙本印刷等形式。所謂「廣」播（broadcasting）已經大幅地轉變成「窄」播（narrow casting），成為依據內容而非組織，而非依據行事。廣播媒體在過去是一種大眾傳媒，提供給觀眾的內容選擇相當有限，但能夠讓廣遠地區的觀眾都接收的到，而且通常免費，或收費低廉。「窄播」則是針對特定觀眾偏好的內容而企劃的，像是專為特定的運動、獨立電影、居家布置等等而設的頻道。「廣播頻道」的觀眾數量相當可觀，但其組成頗為大同小異。「窄播」則通常必須付費，而且往往很貴。現在，真正大量的觀眾經常會集中收看的節目則像是超級盃、世界盃球賽或奧斯卡金像獎頒獎典禮等例行媒體事件，觀眾雖然事先並不完全知道這些事件的內容，但它們其實都沒有太大的變化。

在英語世界之外，地球村的單一觀點似乎從不是令人信服的。一九五〇年，日本電影導演黑澤明（Akiro Kurosawa）以他的電影《羅生門》（*Rashomon*）引起轟動，這部電影在一九五二年贏得奧斯卡金像獎最佳外語片及許多其他獎項。影片呈現同一個強暴及謀殺事件的四個不同版本。透過片中的人物述說故事的多種版本，起初似乎是一項蓄意的犯罪後來卻顯得大相逕庭，這個謎團在電影的結尾「真相大白」。如果把它轉移到今日全球媒體的分歧狀態上，它則顯得具有先見之明：不論是否出自我們自己的選擇，媒體在呈現某個事件版本時，並不試圖做到全面的地步。在運用社群網絡之下，我們全都選擇自己喜好的一套媒體來源，媒體學者理查·格魯森（Richard Grusin）將這個過程稱為「事先中介」（premediation 2010）。我們全都活在我們自己版本的《羅生門》中。亞馬遜網路書店試著基於你已經購買的產品推薦你採購其他商品，即使所推薦的往往是同一位作者的另一本著作。臉書基於特定的演算法找到它認為和我們具有最多共通點的「朋友」，並帶著我們觸及他們，而臉書甚至在二〇一四年推出了專屬閱讀應用程式「Paper」，這是依照使用者的興趣而預先客製化的「報紙」。深深惋惜單一媒體敘事的不復存在的，卻往往是媒體本身。像是美國的華特．柯朗凱特（Walter Cronkite）或英國的理查．丹波比（Richard Dimbleby）等廣播員被高捧為一個業已逝去的時代的大人物，在那個時代，人們看的都是同樣的螢幕。

螢幕上的一切噪音

二〇一三年，據行銷報告估計，美國人平均目前在線上的時間比看電視的時間還長。[4] 人們每天花五個小時上線，卻只看四個半小時的電視。這些時數之中，有的彼此重疊，因為人們開著電視的同時，電腦也連上網路。除此之外，人們還花愈來愈長的時間看手機和平板電腦，加上偶爾上電影院，於是有許多人在生活中醒著的時候，大多數的時候都看著螢幕。這個情形不只存在於西方。二〇一四年，有七億五千萬人收看《中國中央電視台春節聯歡晚會》這個長達五個小時的電視節目總匯。中國現在每天有四億五千萬名觀眾觀看線上視頻，據估計，他們每個月看的內容長達五十七億小時。[5]不論這是好是壞，我們現在不只從螢幕上看世界，而也從螢幕來看生活。

支撐這些螢幕的是兩個相互交疊的實體電纜網絡，一個網絡傳輸電力、另一個網絡則傳遞資訊。人們往往將電力網絡稱為grid[b]，意味著某種一致而平均的服務分送。在美國，為了提供電力，必需大幅變更地景的結構。人們在河流建立水壩，來進行水力發電，而早在一九二○年，美國即有百分之四十的電力是以水力發電。美國成立了像是田納西河谷管理局（Tennessee Valley Authority）等新的機構，來監督水力發電設施以及全國的傳輸網絡。都會理論家路易斯・孟福（Lewis Mumford）基於人們對地景造成的轉變，而將這樣的供應稱為「隱形城市」，城市若沒有這樣的網絡則無法存在，但這個網絡卻是絕大部分居民都看不到的（1961）。

類似地，多虧了從冷戰結束之際以來舖設的了不起的光纖電纜網絡，我們在世界的任何地方都能連上網路。[6]光纖電纜以光的型態、而不是以電纜上的電子信號型態來輸送資訊。它輸送的資訊量遠遠超過電纜，所流失的資訊也遠比電纜更少。這個情形絕佳地符合以下這個概念：以光的型態輸送資訊的電纜網絡促成了全球的視覺文化。一九九一年，網際網路仍然依賴美國國防部的「先進研究計畫機構網絡」（ARPAnet）[c]，它的設立是為了在核子戰爭發生之際傳送訊息。今天，至少有二十五萬公里（十五萬五千哩）的光纖電纜連接起全世界，其中的一個網絡是從英國鋪設到日本的「環球光纖連結」（FLAG, the Fiber-Optic Link Around the Globe），它長達二萬八千公里（一萬七千四百哩），但直徑僅有幾公分。就如你可以從互動式的「海底電纜地圖」（Submarine Cable Map）上看到的，這些電纜橫越海洋並環繞洲陸，但並不穿越陸地。[7] 各家公司和電纜網絡基於「海纜接陸點」（Cable Landing Points）、亦即光纖接上陸地的地方，建立起和消費者及業務的連結。這些據點都是關鍵的保安設施所在地，因為百分之九十五的全球網際網路流量都是運用這些電纜。

透過無所不在的手機、平板電腦、電視以及電腦的螢幕，這些遍布各地的網絡承載的資訊被化為可見的。電影在一個特定的地點——電影院或後來的電視重播——提供了特定的影片，就如鐵路系統只提供特定的旅行目的地和時刻。今天的螢幕則跨界融合了應用程式、提醒訊息、下載、更新以及其他指示，像是時刻、收訊以及電池壽命。在廣播電視的時代，人們形容已經無法顯示畫面的電視機顯示的是「白噪音」（white noise），這是唐・德里羅（Don DeLillo）的一九八五年經典小說的標題。今天，我們生活的狀態一如X世代小說家大衛・福斯特・華萊士（David Foster Wallace）在二〇〇七年呼應德里羅的說法、所描繪的「一切噪音」（Total Noise）：「人們能觸及的事實、脈絡和觀點構成的海嘯。」[8] 華萊士了解到，人們在這麼多內容和脈絡圍繞之下，永遠不覺得能夠全盤掌握有待了解的一切事物。一天中的每個小時，那股海嘯都從我們的螢幕席捲而出。

如果我們考量到人們現在只要點幾下滑鼠、就能取得持續更新的無限資訊，則不論是從實際上運用像是提供整個星球地圖的「Google Earth」等程式，或從隱喻上來說，人們的確從可以連上網路的電腦，就可能看到整個世界。我們現在所觀看的螢幕離我們很近，它似乎是私人的、比較不是公開的，並且充滿資訊。

一如從前的軍事衛星促成了現場轉播和地球村，最早能夠像上述這樣看觀電腦螢幕的人就是戰鬥機飛行員。人們在一九八〇年代為戰鬥機而精進的頭盔顯示已經從提供基本資料、進步到目前的「看到就射擊」(look-and-shoot)的科技。不論戰機的方位為何，飛行員實際上都可以透過雙眼來選擇標的，然後對準它開火，一如在二〇〇四年問世的歐洲戰機公司出品的颱風戰鬥機(Eurofighter Typhoon)的網站所描述的：

「頭部設備組」(Head Equipment Assembly, HEA)包含飛行員頭盔，和將與真實世界影像疊合的畫面顯示在頭盔面罩上所需的所有子系統元件。戰機系統提供標的和飛航資訊，「頭部設備組」將這些融入內建的增強夜視效果的外界影像，然後一起投射到頭盔的顯示面罩上，透過高速的頭盔追蹤系統而確切地疊合在飛行員看到的外界景象上。[9]

透過飛行員的頭盔顯示，人類、機器的合體確實成真。飛行員在一個經過可視化的資訊域中飛行，而這個界域恰是由他駕駛的機器所創造出來的。這番由螢幕主導的視像是電腦時代視覺文化的典型，就如從前推軌鏡頭之於鐵路世界的關係。

就如在這個領域具有領導地位的製造商之一：「國際視覺系統」（Vision Systems International）的這個模擬畫面顯示的，這個視覺界域並非基於人類的直覺。就如人們從前必須學習如何以像攝影機一般的方式觀看，一個飛行員也必須學習如何與他的性命所仰賴的可視化顯像互動。

對於像《魔獸世界》（*World of Warcraft*）這樣的

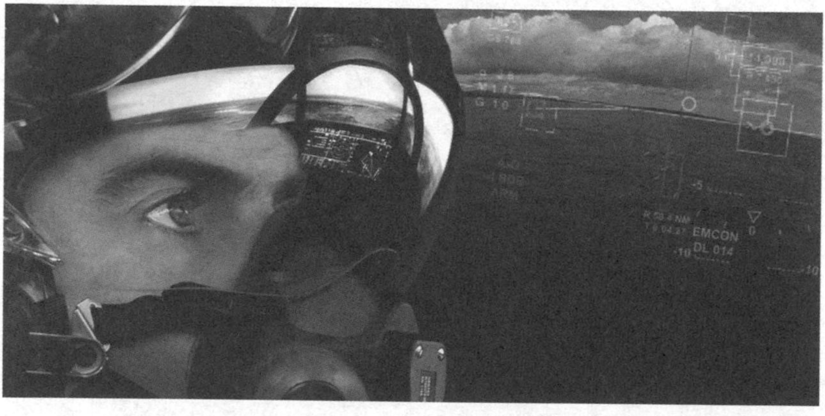

圖四十四　「國際視覺系統」的螢幕擷取畫面[10]

遊戲的上百萬個玩家來說，他們如今已經很熟悉搏鬥的世界中資訊充斥的景象。[11] 這項遊戲就是所謂的「大型多人線上角色扮演遊戲」(MMORPG, Massively Multiplayer Online Role-Playing Game)。在你進行遊戲的「世界」中，實際上有四個遊戲。第一個遊戲是多位玩家合作的角色扮演遊戲，玩家必須收集特定的工具，才能夠進階到之後的搏鬥階段。光是這個階段就包含八十多個等級。然後，你進入一個競爭性的夢幻團隊戰場遊戲。接著是一場三人對三人的競技賽，以競爭等級來劃分。而最後是十個或二十五個人一起合作的打擊暴龍。如果你才剛開始玩這個遊戲，則它的界面可能會令你暈頭轉向。這項遊戲除了帶有所有這些資訊之外，還營造出某種3D的效果。就如從前人們看電影時，必須學習如何詮釋動態的畫面——他們必須明白螢

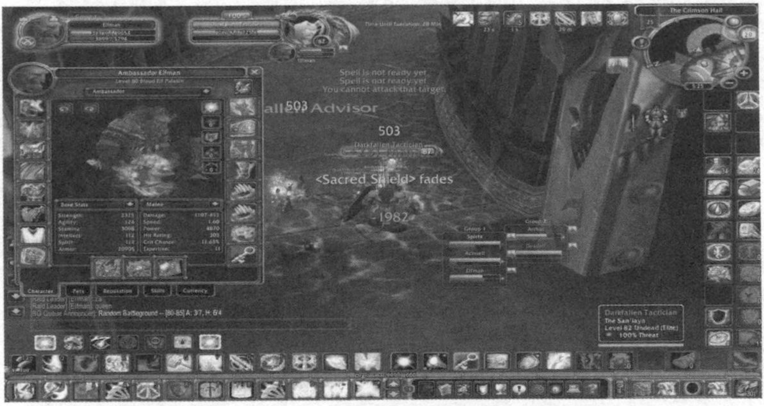

圖四十五　《魔獸世界》遊戲的螢幕擷取畫面

幕上的火車不會傷害他們，相同地，遊戲玩家必須花費好幾個小時去學習如何玩遊戲，並取得「經驗」點數，亦即遊戲玩家所謂的「連擊」(grinding)。任何新的遊戲玩家都必須學著將環境視覺化，並由此控制手和眼睛的協調，而在還沒學會之前，他們則反覆地被「殺死」。

儘管這些遊戲如此複雜，它們因為在二〇一〇年的巔峰期，就有多達一千二百萬人註冊參加遊戲，所以被稱為大型(massive)遊戲。二〇一三年，像是《英雄聯盟》(*League of Legends*)這樣的免費遊戲的活躍使用者則高達三千萬人。現在，它也是已經成為風靡全世界、吸引大量觀眾觀看的電子遊戲之一。據估計，二〇一三年，人們在Twitch這樣的遊戲直播網站觀看時間長達二十四億小時，還有許多觀眾收看「即時」電子遊戲競賽。[12] 這些遊戲對這些觀眾意義重大，正如運動之於其他觀眾的情形一般。和運動界的情形一樣，在遊戲的領域，觀者可以自己玩遊戲，但是專業人士玩起來更游刃有餘，而那正是觀看比賽的樂趣之一。充斥資訊的螢幕遊戲並不像攝影機那般、自詡足以描繪外在的世界，而是反映出今天許許多多的工人的日常生存狀態，從汽車修理工用電腦勘測車子出了什麼問題，到會計師在退稅軟體中填資料，或者客服中心員工把從螢幕上讀到的資料告知顧客。唯一的差別是：遊戲充滿樂趣。

觀眾一旦學會了以攝影機的方式去看，他們也就學會觀賞電影所提供的焦點清晰、範圍明確的視覺場景。重點在於從前是由攝影機替我們看。觀看或玩第一人稱的射擊遊戲仍屬於那番傳統。但是，在戰鬥機飛行員、多層次電子遊戲玩家、手機使用者或是股市交易商充滿資訊的螢幕上，所見的東西並非如此清晰可辨。連人們要了解螢幕上的東西時，都必須具備特定的專業。如果這是一切的噪音，則它並非明白易懂的。人們反而必須更開放地接納預期以外的事物，並且以不同的方式來預期，就如我們在第二章的大猩猩錄影帶實驗中所看到的。因為在螢幕-世界的文化中，人們必須主動選擇要專注於什麼，以及因此要做什麼，於是它似乎提供更大程度的自由。這個概念雖然有幾分真實，但人們往往忘了在線上做的一切都會留下痕跡，而且可以被查到。人們為了享有所有這番表面的自由，所付出的代價是受到高度的控制（Chun 2006）。從前，人們選擇去電影院或者打開電視，如今，我們的設備則透過嗶嗶聲和顫動聲，迫使我們不得不注意它們。人們每天至少花費四十三分鐘在等待電腦暖機、下載更新、連上網路等等。

法國哲學家吉爾．德勒茲（Gilles Deleuze）將這樣的經驗稱為屬於「控制社會」[13]，異於之前具有固定法則的規訓社會，在「控制社會」中，人們只能在特定的侷限之下行事。這個社會以控制和界定基本的參數為核心，這些參數包括像是你的信用分數、膽固醇含量、大學入學考試分數、學業平均成績，甚至你得到的點擊次數、「讚」以及轉推（retweets）——亦即可以被量化並界定成功和失敗程度的一切。這為使用者帶來好處，但也為他們帶來更沉重的負擔。從前，工作是由在工作場所的時數所界定。現在，因為有了電子郵件和其他應用程式，人們幾乎必須持續地查看這一切。同樣的道理，異於從前在規訓社會的情形，如今富人再也不擁有工廠，卻是經營金融安全措施。今天的戰爭涉及的是造反分子、反抗和暴動，而不是國家之間的衝突。人們不只擔憂金錢，更是債務累累。從許多重大面向來看，所有這些過程是由螢幕中介的社會所促成的。

數位公司竭盡所能地融入我們的生活、甚至我們的視野。想想看「Google眼鏡」這項新科技。它是基於運算的可穿戴形式而建，看起來像一副眼鏡框，實際上也可以加裝鏡片。它是由一個框和一個連接到網路的運算裝置所構成。「Google眼鏡」徹底陷入控制社會之中，它等於是給公民使用的戰鬥機飛行員頭盔。你所有看到的一切都會被檢查及記錄，無論紀錄的是你還是Google。它的原型機讓使用者能接收在其視域中的資訊，不需用手就能拍照片和影片，以及運用應用程式，像是接收方向指引。如果使用者將頭猛然往後仰，「眼鏡」就會自動連上網。這個設備會回應口語提示或觸控滑動。資訊呈現在使用者的右邊。當使用者的「眼鏡」開著，或在拍照的時候，和設備連線的其他人都會看到一個發光的小矩形。

Google提出「眼鏡」具有許多可能的用途，像是方位指引或者拍照。這是由Google X實驗室總監史提夫・李（Steve Lee）所拍的照片，其中的重點是：在開車時使用相機可能發生危險，但

圖四十六　Google眼鏡使用者

圖四十七　Google眼鏡網頁的截取畫面[14]

是「眼鏡」可以替你拍照。這個正在崛起的工具徹底融合了可以看到和可以運算的東西，提供給能負擔得起這種設備、並接受Google的主要考量的人。

Google讓這些科技帶來的特權明確出現，並以一千五百元美金銷售。Google在二〇一五年中止了「眼鏡」計畫，一部分的原因就是回應人們的批評。這裡的重點並非「眼鏡」本身帶來些什麼，而是在於螢幕上的資訊世界，其創造的控制社會升高到一個新的水平。就如位居前百分之一的富人似乎已經生活在異於我們其他人的世界，現在的情況彷彿是有著一個「他們」能看到、但「我們」無法看到的世界。研究者經常將人比喻成「資料點」(data points)，而「眼鏡」則將這個定義化為可穿戴的物件。因為，就如你會從Google和其他與「眼鏡」相連的應用程式接受資訊，Google也會基於其科技而得知你在哪裡和你所做的事。透過這些資訊，它將能以《關鍵報告》(*Minority Report*, 2002)這部電影中的方式，向你呈現比以往都更多的特定廣告。在這部電影中，這種目標式廣告以光鮮的看板形式展現。而到目前為止，我們實際上接收的是以文字為主的陽春連結。此外，這樣的科技意味著螢幕界面現在很可能無所不在。隨著螢幕變得愈來愈小而且愈來愈不顯眼，這種令人難以察覺地持續連線的能力將構成新的數位分野。

就像數位文化的許多其他面向，Google在行銷「眼鏡」時，宣稱它能提供給使用者無比的自由。評論家們同時也已經敏銳地指出新科技如何對我們施加重大的控制。在像是《全民公敵》

（*Enemy of the State*, 1998）或者《神鬼認證：傑森・包恩》（*Jason Bourne*）系列的多部電影中，單純就認為官方安全機構足以攔截所有形式的資訊傳遞。然而，這個模式卻忽略了資訊監督已經變得多麼精密——就如「維基解密」（Wikileaks）網站在二〇一〇年，以及愛德華・史諾登（Edward Snowden）繼而在二〇一三年的揭發所清楚顯示的。今天所發生的並非好萊塢電影的情節，其中，一小群被賦予高度權力的密探在安全的地點觀看明確的視覺影像。事實上，一大群資料分析師徹底梳理從網際網路挖到的大批後設資料，就像一艘超大的拖網漁船從海裡捕魚一般。像這樣的拖網漁船例行地捕獲大批並非漁人所要的魚，同樣地，這樣的資料蒐集也會收集到並非正式列為對象的人們的大量資訊。

「眼鏡」和其他類似的科技與軟體產生的資訊也會對公安單位大有助益。Google的執行董事長艾瑞克・施密特（Eric Schmidt）以令人折服的方式寫道：「洛克希德・馬汀（Lockheed Martin）[d]之於二十世紀的意義，就如同科技和網路安全公司將對二十一世紀具有的意義。」[15]也就是說，在戰爭的世界裡開創、從飛機上所見的世界景觀，已經被從科技中介的螢幕上所見的景象取代。軟體為我們推算我們所看到的世界。Google、Apple、Microsoft——或者繼它們之後的任何數位巨擘——插進我們和世界之間，仔細過濾我們可能透過螢幕和軟體等工具所看到和知道的東西。戰鬥機飛行員看到的這個景觀已經變成我們隨身攜帶的手機螢幕的私人小世界。

雖然我們視之為「我們的」世界，但甚至在我們看到它之前、它就已經為我們而周密地被監督並過濾了。而它呈現給我們的世界最主要就是城市，這就是我們接著要探討的主題。

---

a．譯註：《星艦迷航記》之五的英文副標為The Final Frontier，一般中譯為「終極先鋒」。

b．譯註：指棋盤狀的格子，如應用在電力領域，一般譯為「網絡」或「網格」。

c．譯註：全名為advanced research project agency network。

d．譯註：美國的國防、航太、高科技等領域的重要大廠，在全世界位居領先地位。

第五章

世界城市・城市世界

對大多數人而言，「看世界」最主要仍是指看自己的城市。總的來看，今日的全球城市自成一個世界。一個世紀以前，全世界的每十個人口、只有兩個人居住在城市。如今，全球的大多數人都是都市人。這批大規模的外來人口創造出新的全球巨型城市——聖保羅、德里、上海、布宜諾斯艾利斯、北京、龐貝、東京，它們已經超越像是倫敦和紐約等屬於帝國的和現代的城市。將這些新的巨型城市理解成城市區域，或大都會地區將更為適切。很難確定它們的開端和盡頭，更難以確知其居民的確切數字。根據官方數字，上海的人口為兩千三百萬，而據估計，其中就有三百萬名外來人口。中國政府表示，打算在二〇三〇年，讓上海人口達到三千萬，儘管根據地方的非官方數字，當地今天的總人口數實際上已經有四千萬。目前，全世界有六百個這樣的全球城市區域，估計其中住了十五億人。他們每年的產值至少有三十兆美金（十九兆英鎊），高達整體國內生產毛額的一半。「世界衛生組織」（World Health Organization）預估：到了二〇五〇年，十個人口中、將有七個是都市居民。這番成長，幾乎全都會發生在開發中國家。[1]

中國在二〇一一年成為以都市人口占多數的國家，而它計劃再將二億五千萬人遷入城市。（印度不落人後，計劃在一年後增加五億個新的都市居民。）如果中國達到這個目標，則將有十億中國人——很可能是世界人口的八分之一——住在每天似乎都在建造中的新城市裡。人們常說：羅馬不是一天造成的，但就新的全球城市而言，情況則並非如此——特別是在中國。一九九〇年，成都大約有三百萬個居民。到了二〇一二年，該市的市區有一千四百萬人，另外還有六百萬人住在都市外圍地帶。據官方統計，這座城市在那一年的成長率為百分之十三，而且其出口量的成長超過百分之三十。[2]

新的全球城市已經超越以前的城市概念：它本身就是一種「區域」。南非的豪登（Gauteng）區域幅員廣大，橫跨約翰尼斯堡和普勒托利亞（Pretoria）等城市，並延伸到像是索威托（Soweto）等鎮。如果要了解香港，就一定要知道它在珠江三角洲的位置，以及它和廣東省的中國經濟特區的關係。每一天，全球城市可能經歷低幅度的衝突，但這足以升高成全面的動亂或甚至內戰。這些城市的污染相當嚴重，甚至充斥（極高的）毒性，儘管這番影響不只波及窮人，但窮人往往是最大的受害者。全球城市可能似為透明和諧的商務樞紐，但是居民在其中的經驗經常充滿磨擦而且危險，甚至飽受折磨。我們今天必須從這些地方去看世界，也是從這些地方，我們學著去觀看。

畢竟，如果說，在帝國時期建立的古典城市具有鮮明的區隔——想想巴黎、倫敦以及馬德里如何具有迥異的風格和氛圍，那麼現在迅速興起的全球城市之間或許具有更多共通點，畢竟它們都奠基於在這些城市之間流通金錢和資訊的全球電腦網路。在都市周圍，到處遍布著住宅街區和陽春的住屋（未經規劃、而且不具合法公共設施的樓房），它們圍繞著必定會有的、玻璃的銀行高樓，以及用鹵素燈光照明、城市鬧區的全球「品牌」商店的分店。此處的路況必定很糟，而且四處籠罩著乳白色的霧霾。由於這些空間是了解今日全球視覺文化的關鍵，本章將聚焦在今天和昔日的城市如何型塑了我們看世界的方式。

我將不強調個別城市的特性，而會檢視三種城市型態如何在過去的兩個世紀型塑了世界。第一個是帝國城市（1800-1945），其壯觀的形式其實是有賴於將特定的人和地方驅逐到視線範圍以外。對於構成帝國城市的公眾來說，就是在帝國城市裡的觀看和被看，但並非所有的人都屬於這批公眾。從前的公眾大部分是男性，而且大都是白人。在像是巴黎、倫敦以及紐約的帝國首都，雅痞（dandy）和街頭攝影師們，進行觀察並且紀錄，但他們本身卻不會被看到。第二個形式——冷戰城市（1945-1990）則以「分隔」構成極為鮮明的主要特徵。確實，由柏林圍牆為表徵的這些分隔使兩邊無法見到彼此。第三種形式是今日的全球城市（1990-），它承襲了帝國城市的中心-外圍設計，而且在像是耶路撒冷、巴格達以及喀布爾等全球的主要交會點保有冷戰時期留下的分隔。但是這種城市實際上正在塗消本身的過去，並且創造特有的觀看方式。全球城市中的居民如果要觀看，則必須主動自我審查，這也是一個被高度控制的環境的一環，紐約市警察局如今聲名狼藉的這句口號即概括了這個狀態：「如果你看到什麼，就說出來。」人們必須對所看到的一切都加以舉報，而市民現在是警察的替身。

同時，每當警察指揮我們，我們就必須前進，並相信這裡沒有什麼可看的。雖然這整套控制的效力很強，卻仍然充滿令人不安的事物，像是：如何能區分真實的和假冒的事物？城市是否依然是人們的家，或者只是另一個地方？而在人人都能得知城市GPS座標的世界中，我們是否仍知道自己身在何處？

帝國的城市

讓我們從巴黎這座今天全世界最主要的觀光城市開始。根據法國觀光部統計，在二〇一二年中，就有將近三千萬人以巴黎為旅遊目的地，相較之下，當地的二十個市區或都市行政區的兩百二十萬居民則顯得微不足道。[3]這座城市妥善準備，好迎接這些遊客。他們在夜間用燈光點亮為了一八八九年的「萬國博覽會」而建的艾菲爾鐵塔，並為一度被忽略的十九世紀雕像鍍金，也洗刷掉使城市建築變黑的煤煙。一如德國作家華特・班雅明的優美形容：巴黎曾經是「十九世紀的首都」（Benjamin 1999）。而今，它是世界上最大的博物館、十九世紀的博物館。就如伍迪・艾倫（Woody Allen）的賣座電影《午夜巴黎》（*Midnight in Paris*, 2010）貼切捕捉的，許多觀光客來這裡尋求一座業已消失許久的城市，不論是一九二〇年代的超現實時期，還是一八七〇年代的印象派全盛時期。

十九世紀的巴黎是一個城市世界，其中的都會觀察者透過在沒被看到之下觀看，而自許具有某種文化權力。這番權力具有截然分明的界限。今天，很可能只有少數觀光客了解自己漫步而下的寬闊大街是由巴黎市行政長官奧斯曼（Haussmann）男爵在一八六〇年代拓寬的，目的是提供一條截然分明的開火線，來對付可能是革命分子的人。巴黎這座博物館和它本身的歷史的關係很淺。它現在這麼受歡迎，是因為它展現逝去已久的城市生活的某種懷舊風貌。

但是，話說回來，情況向來都是如此。在一八五五年，小說家奧諾雷・德・巴爾札克（Honoré de Balzac）即向讀者宣告：「唉！舊巴黎正以駭人的速度迅速消失。」[4] 而詩人波特萊爾（Baudelaire）則在幾年後補充：「舊巴黎不復存在。」[5] 一八五〇年代，先驅攝影家夏爾・馬維爾（Charles Marville）以他拍攝的老街照片而聞名，不久後，人們即為了開拓新的大街而拆毀這些老街。

馬維爾的那些照片裡闃無人跡。引發懷舊之情的是建築物，而不是其中的窮困居民。奧斯曼為了保護帝王拿破崙三世不受街頭革命波及，而刻意拆除巴黎的舊市區。他們拆除了舊的革命分子街坊，並將工人送到市中心以外，讓他們住在後來在二十世紀所謂的「紅帶」（red belt，意指激進）[a] 的地方。今天的許多全球城市已經具有相同的設計：富足的市中心具有妥善的公共設施，周圍則環繞著陽春住宅裡、生活不安穩的居民。市中心很顯眼，為促使觀光客消費而積極地陳列和展示，它的外圍則隱而不顯，只讓其中的居民看見，其他所有的人則都看不到。

巴黎從十八世紀開始以「光之城」為人所知，這個美譽起初是伴隨了當時市內首次架設的玻璃燈罩路燈。在十九世紀早期，煤氣燈讓人可以夜間在都市漫步和購物。為了讓人更便利地進行這種新消遣，這座城市裡建造了拱廊（arcades），它們是覆蓋玻璃屋頂的商店街，並在冬天提供暖氣。店家開始掛出新的告示，寫著「免費進入」。在此之前，店家預期進入商店的任何人都會買東西，但此後人們展開了純粹看看和瀏覽櫥窗這些現代的實踐。

一如班雅明指出的，整個市中心彷彿變成

圖四十八　馬維爾的攝影《昔日巴黎》（*Old Paris*）

了室內，其中開始出現各式各樣現代類型的人。出現了時尚女子，當時的報紙悉數她們的風格和配飾的變化。同時，做生意或在公家機關工作的男人開始穿黑色服裝，捨棄了十八世紀的繽紛男性穿著，而改穿禮服式大衣。回應這個趨勢的非主流文化開始了。不想被視為生意人的人顯然遊手好閒，像是詩人傑哈·德·奈瓦爾(Gerard de Nerval)，人盡皆知的是，他牽著寵物龍蝦散步。

flâneur(漫步者)觀看並細察這一切，這是個難以翻譯的字眼，它很接近「雅痞」及「盯看者」(gawker)，也很接近「無所事事的遊走者」——「漫步者」帶有所有這些意思。現代城市已經藉由拆除舊城市的狹窄街道、驅離窮人，並建造適合讓人邊走邊觀察的大道和拱廊的網絡，而為「漫步者」開闢一個空間。對波特萊爾而言，漫步者是「一個王子，不論身在何處，都保有他的匿名狀態」[6b]，也就是透過在未被看到之下觀看而獲得某種權力的人——這是一種很都會的成就。成為埃德加·愛倫·坡(Edgar Allan Poe)所謂的「人群中的人」，這就是在帝國城市裡觀看的新方式。漫步者是男性觀看的具體化，這樣的實踐後來會成為電影領域所謂的男性注視(第一章)。

隨著攝影的進步，街頭攝影體現了「人群中的人」的觀看方式，其中，被拍攝者在不知情之下入鏡。這種暗中的狀態和所拍到的照片的寫實感，絕對是這些照片成功的主要關鍵。近幾年來，一些看起來是經典的觀察式作品，竟然證明其實是請人擺姿勢拍的，這一再掀起了醜聞。

法國攝影師羅伯特・杜瓦諾（Robert Doisneau）在一九五〇年的巴黎街頭拍了一張著名的熱吻照片，以《市政廳前的吻》（*The Kiss by the Hôtel de Ville*）為人所知。畫面中的這對戀人緊緊擁抱，年輕男子的手臂環抱著衣著優雅的年輕女子，她的手臂軟綿綿地垂在身側，因此被認為是意外地被摟住。在畫面的前景，一個男子從咖啡廳的座位上觀看他們。確實，當時咖啡廳的標準作法就是以特定的方式排放座位，好讓顧客可以觀看路人。畫面中的人物從朦朧的背景中凸顯出來，彷彿在一部黑色電影中。這幅景象帶有濃厚的羅曼史色彩。幾年後，這幅照片成為經典的海報畫面，牽扯到金錢的利害關係，有兩個人於是提起控訴，聲稱他們是畫面中的那對年輕人。杜瓦諾不得不承認這幅畫面是搬演的，其中的人物是年輕演員。他先在三個不同的地點拍攝，最後決定在這座城市的市政廳取景。這有什麼重要性？如果我們知道這是搬演的，那這就不是真的都會觀察，而是街頭劇場。現在，我們可能會認為照片中的女子手臂下垂，並不是由於她在意外之下被摟住，而是因為她並非真的在親吻他。而以為街頭攝影就是捕捉存在的人事物、拍攝者本身則沒被看見的這種幻想也粉碎了。

那麼，女漫步者（flâneuse）——女雅痞／盯看者／遊走者的情形又是如何呢？從前，有女人穿男性的服裝來獲得這番自由，像是小說家喬治・桑（George Sand）。這樣的女人形成了一個社交類型，就是一般所知的「亞馬遜女戰士」（Amazon），這個詞援引了古代的傳奇女戰士之名。圖四十九顯示愛德華・馬內(Edouard Manet)在一八八二年左右所畫的《女騎士》(*Amazone*)。這個女子身穿男性中產階級的全黑騎馬制服,包括大禮帽以及羔羊皮手套。她的髮型是男孩感的侍童頭,而且身上沒有人們預期的配飾。或許只是腰間的束帶提供給焦慮的(男性)觀者一個關於她的女性身分的確定線索。她刻意不呈現太多供人觀看的東西,因而可以要求自己看的權利。當時有許多女性藝術家以油畫和素描來描繪她們在這座現代都市中的生活,像是印象派畫家蓓爾特・莫莉索(Berthe Morisot)以及瑪莉・佳薩特(Mary Cassatt)。與此同時,最令男性盯看者著迷的主題之一是巴黎女人,這主題至今都還不退流行。近期的藝術史主張:描繪隻身在現代巴黎的女人的畫作,可能向該時代的人暗示了畫中的人是性工作者。這使我們想起,「公然現身的女人」(public woman)這個詞以前是「妓女」的委婉說法。然而,其中仍有曖昧的地方。

我想到愛德加・竇加(Edgar Degas)的畫作《苦艾酒》(*L'Absinthe*),展現一個女人在咖啡館獨自喝一杯苦艾酒(1876)。當時這件作品必然掀起了軒然大波,一般人在臆測之下,大肆撻伐這幅畫主張墮落和酗酒。畫中描繪的女子是知名的當紅女明星艾倫・安德莉(Ellen Andrée),她也出現在雷諾瓦(Renoir)的畫作中。苦艾酒是一種烈酒,據說會引發幻覺,而且很受波西米亞族喜愛。安德莉的前面擺了滿滿的一杯。我們無法知道她會不會喝它,以及那是否是她那天飲用的第一杯,還是第幾杯。她身穿時髦的白色衣裝,並戴著精緻的帽子。這些服飾並不是街頭散步的服裝。特別的是，她獨自一人。她和坐在身旁的男人之間毫無互動。她讓人無法看穿她的思緒，而且面無表情。你可以說，我們可以任意自由地觀看和想像。你也可以說她難以捉摸，而且具有特定程度的獨立自主。她不在家裡，不是維多利亞時代、壁爐旁的家庭守護者，而且也並不顯然是性工作者。

這個時期現在看起來仍然很當代，恰是因為它對這樣的閒暇與消費的著迷，而閒暇與消費正是今天如此之多的全球城市的主要活動。帝國城市為這些活動開闢出空間，並將那些只能鎮日工作的人驅逐到城市的外緣。印象派繪畫展現出男男女女在野餐、划船、調情，在歌劇院、咖啡館、音樂會、芭蕾舞演出等等的各種角落，而勞動則是在別的地方——只有促成

圖四十九　馬內《女騎士》

圖五十　竇加《苦艾酒》

所有這些餘暇活動的性工作者、表演者和餐廳員工，仍包含在這些畫中。現在，這些具有鮮亮色彩及閃動筆觸的畫作，似乎具現出一座「光之城」的特有概念。

一段廣為人知的藝術史枝節是：印象派藝術家在他們的時代並不出名，而人們幾乎忘記了這段淵源。「印象派」這個名稱在過去並不是讚美，而是：在傳統的油畫領域，藝術家以快速的素描、就所要描繪的情景創造一番「印象」，由此而畫出完成的作品。因此，對於當時的觀者而言，印象派藝術家，便是將未完成的速寫轉換為正格的畫作。一如今天，有些人會覺得抽象繪畫或概念藝術算不上真正的藝術，十九世紀藝評人也將（現在備受歡迎的）印象派畫作視為只完成了一半的作品。印象派風格後來則似乎描繪漫步者的都會觀察，在人群和車流從身旁經過之際，捕捉在眼角發生的事情。

印象派藝術家對自己的創作很有自覺，並主張是在依循十九世紀的科學發現之下描繪顏色，言下之意是：傳統的繪畫方式再也無法有效地描繪現代城市。亮麗的現代顏色源自另一個技術性的變革。傳統上，藝術家會以有顏色的背景覆蓋整幅畫布，不論是用紅色、灰色或棕色。這種設計恰是為了減低實際上畫的景象中的顏色強度；印象派畫家則在白色背景上作畫，因此他們的作品從牆上「浮顯」出來，觀者從一段距離以外即可辨識。當時的藝評人會將這種顏色視為失控、是描繪墮落的肉體的作品，這些畫作現在則被視為現代美感的高峰。在十九世紀顯得忙亂而且改變世界的事物，在今天則是安閒而寧謐的。

同樣的道理，「拱廊」是你現在可以從約翰尼斯堡到上海等全球城市四處看到的購物中心的前身。購物中心為了消費而設置出覆有屋頂的區塊；這些區塊傾向使用人造燈光照亮，而不是自然光。在一些購物中心，像是拉斯維加斯的凱薩皇宮（Caesars Palace）裡的那間，都費盡心力營造出「自然」採光效果，試圖哄騙我們的大腦，讓我們以為自己置身戶外。每兩個鐘頭，人群聚集到「戶外」，坐在購物中心裡觀賞「落日」，而「室內」的座位卻空無一人。在像是紐約時代廣場和香港銅鑼灣等戶外空間，現在都以這些「自然」光照明，讓人不安地覺得在夜間置身於白晝。光之城如今是全球零售業的藍圖。某個程度的亮度似乎慫恿並促使我們把錢花在並不真正需要的東西上。

從前那些傳奇性的、各具特色的巴黎咖啡廳已經變成全球一致而相仿的星巴克（Starbucks），相較之下，十九世紀的雅痞仍然可以在此認出它們以及購物中心，而他們也是其中的一部分。主要增加的部分是電影院和購物中心的合併，其中，多銀幕戲院是重點業務之一（Friedberg 1994）。觀看世界曾經是雅痞／盯看者／遊走者特有的任務，現在人們則可以付十英鎊就來做，他們坐在豪華座椅上，椅子附有放大杯加糖飲料的杯架。在沒被看到之下觀察，這現在只是全球城市中的另一項商品。

光之城較為隱而不顯的面向是：巴黎不只是十九世紀的首都。它也是包括從非洲到東亞以及加勒比海的法國帝國的首善之都。從許多建築和橋上的大寫字母「N」（代表第一位君王拿破崙，也由他的侄子拿破崙三世沿用）到從前和現在都充斥著帝國戰爭戰利品——例如埃及石棺以及希臘雕塑——的羅浮宮，還有殖民地遍地種植的甘美咖啡：唯有從帝國的背景才能理解巴黎。而巴黎人明白這一點。在一八三二年，之後由維克多・雨果（Victor Hugo）在《悲慘世界》（*Les Misérables*）中讚揚的那場革命失敗的那年，一位法國記者如此評述：

> 每位工廠廠長住在自己的工廠中，就像一位殖民的園主在他的奴隸之間，一個人對一百個人；這裡的暴動足以比擬在聖-多明格（Saint-Domingue）（海地）的叛亂。7

這位不安的作者，將他所謂的「有產階級」視覺化成對沒有資源的人加以殖民，並且憂懼一場像是發生在前奴隸殖民地聖-多明格、後來的海地的成功革命，只是早晚的問題。確實，在一八七一年三月，巴黎公社接管了整座城市，並開創了他們所謂的「自由、自主而且至尊」的空間。法國軍隊在幾個星期之後大反攻，據估計殺害了二萬五千人，並恢復了中央政府。這個政權以「第三共和」一直持續到希特勒在一九四〇年的侵略。和今天巴黎博物館的其他懷舊事物一樣，這座平靜的帝國城市如此地成為印象派畫作的背景。

在今天的巴黎市中心以外是另一座城市，面積為市區的四倍。這裡曾經是白人工作階級的居住地，現在則是大部分的法國帝國後裔所住的地方。這裡就是所謂的郊區（banlieux），是來自北非和西非、中東以及亞洲的移民人口的居所。由於失業率很高，經常有人犯罪和嗑藥。通常在巴黎市中心很低調的警察巡邏，在這裡則隨處可見。交通很不方便，因為地鐵以巴黎的各個「門道」（gates）[c]為終點。你必須從那裡搭公車或另外轉乘輕軌，才能抵達大型國民住宅區（法文的cités或英文的cities）。這裡但不到巴黎市內的任何迷人之處、沒有小廣場和咖啡廳，只有一個個由高樓構成的街坊，而且沒有什麼可看的東西或可做的事。巴黎的設計旨在盡可能完善地保持這個隔絕。種族的區隔取代了從前的階級區隔。

分隔的城市

在冷戰時期，一些城市以令人無法忽略的方式變得分隔。因此，如果巴黎是十九世紀帝國城市的典範，柏林則是軍事-工業複合體的典型城市（1947-1990）。一九六一到一九八九年之間，龐大的柏林圍牆分隔了這座由戰勝的強權所統治的城市，使它在視覺上戲劇化地一分為二，就像在U2偵察機所拍的古巴照片那樣截然分明（第三章）。在柏林，你不需要在視覺上下工夫，因為你徹底失去了看這個分隔空間的能力。儘管冷戰結束已久，在全球的反叛亂行動的主要區域——從巴格達到耶路撒冷和喀布爾，分隔城市正重新復興中。

一九四五年，第二次世界大戰結束之際，柏林被分隔成四個區塊，每個區塊分別由四個同盟國——亦即英國、法國、美國以及蘇聯掌管。在一九六一年八月十三日，柏林人醒來，竟詫異地發現前東德在它的柏林領地和城市西邊之間建造起一道牆。在將近三十年的時期中，這道圍牆同時作為冷戰分隔的一個象徵及現實。它長達一百四十公里、高三點五公尺，四周圍繞著礦場、狗、燈光和其他保安設施。它橫越街廓、導致親友離散，並成為冷戰最極致的顯著象徵。雖然東德人可以從電視和廣播節目了解西柏林的事，他們的個人動態仍直接受制於這道圍牆。地鐵路線詭異地跳過「另一邊」的車站。據估計，在圍牆豎立之前，多達三百五十萬個東德人逃到西邊。這座圍牆使人幾乎無法跨越到西方，而有大約六百人在試圖跨越之際身亡。

統治東德的統一社會黨（Socialist Unity Party, SED）採取的官方立場是「沒有客觀政治或社會基礎來讓人反對主流的社會和政治秩序」。換言之，只要是頭腦清楚的人都不會和統一社會黨所稱的「全面的民主形式」作對。因此，任何對立都是錯的，並且受到國家安全部（Stasi, Ministry for State Security）縝密監控。你現在可以造訪他們在東柏林的廣大總部，那裡以博物館的形式保存下來。國家安全部絲毫不期待對人民的監控會導正人民的行為，他們單純是想控制人民。因此，他們規定並決定可接受的行為限度，一旦有公民踰越那些界限，便歸咎公民。你可以從國家安全部博物館陳列的設備中，看到之前用於儲存資訊的一個容量一千萬位元的硬碟。由於這個硬碟來自一九八〇年代晚期，它寬十二吋、而且高六吋。它的周圍陳列著當時也用到的五吋磁片，以及持續監視所產生的紙堆。這番展示暗示了在一九八九年尚未屆臨的未來，但這個未來現在已經圍繞著我們所有的人。實際上，東德透過它的羅伯特隆（Robotron）公司而亟力跟上一九八〇年代的數位革命，這部分地導致了東德的經濟垮台。[d]

這道圍牆的具體事實構成了「隔離」這項

圖五十一　查理檢查哨

社會事實。當局要人民了解這個新的事實，而且持續透過各種告示加以凸顯。上圖顯示柏林的查理檢查哨（Checkpoint Charlie）的著名告示，在像是《冷戰諜魂》（*The Spy Who Came in from the Cold*, 1965）等不計其數的冷戰電影中都可以看到。查理檢查哨標示出這座城市的美國區塊和東柏林之間的界線。外國人若要進入柏林東德，只有兩個跨越點，而這就是其中之一，它也是武裝軍人可以使用的唯一跨越點。它變成一個神話性的地點，間諜在此交換情報，還發生其他的情節。東德那一邊並沒有這樣的告示，因為他們禁止市民接近這座圍牆。

一九六三年，甘迺迪總統在圍牆前演說，提出了這段著名的言論：「今天，在自由世界，最令人引以為傲的是『我是柏林人』（Ich bin ein Berliner!）……所有的自由人、不論住在何處，都是柏林公民，因此，身為自由人的我以『我是柏林人』這句話自豪」。他的意思不言而喻：柏林是美國在冷戰中宣稱的一個自由象徵，而且美國願意捍衛這座城市，彷彿它就是美國本身具有主權的領土。

這當中帶有明顯的矛盾，而甘迺迪的蘇聯對手並未疏於指出來。一九六三年，幾乎所有在分隔蓄奴州和自由州的梅森-狄克森線（Mason-Dixon line）以南的美國城市，都仍然實施種族隔離制度。街上的標示指出誰可以去那裡，以及誰可以做什麼。這些人是同一個國家的公民，卻被種族分界線所分隔（Abel 2010）。在整個美國南方，你都可以看到告示指出洗手間、飲水機或入口是給「白人」的，另外一個則是給「有色人種」。這樣的標示及它們指出的法規分隔了這些城鎮，明確的程度一如任何圍牆。跨越這條線往往險象環生。「美國黑人民權運動」(Civil Rights Movement)分子採取了極為顯眼的行動，將國家的團結一致和隔離造成的分隔實況相對照，藉此而挑戰了隔離制度。一九六〇年二月二日，在北卡羅萊納州的格林斯波羅(Greensboro)小鎮上，受過非暴力公民不服從訓練的學生坐在伍沃斯(Woolworths)百貨公司的一個餐廳吧台。

參與的學生包括裘瑟夫·麥克尼爾(Joseph McNeil)、富蘭克林·麥肯(Franklin McCain)、比利·史密斯(Billy Smith)以及克萊倫斯·韓德森(Clarence Henderson)。靜坐的第一天，他們總共坐了一個小時，沒有人服務他們。第二天，他們靜坐了一個半小時，當地報紙刊出他們的這幅如今相當著名的畫面。這些學生穿著體面，而且梳妝打扮整齊，因此他們的個人外表無可挑剔。他們在靜坐抗議期間安靜地坐著，並且經常在做功課(Berger 2010)。你可以從這幅照片看到一個非裔美國服務生或打雜人員刻意忽視這些同儕，就像伍沃斯百貨的所有員工亦然。人們希望這些靜坐會銷聲匿跡。但情況卻相反，整個南方都掀起了靜坐的熱潮。

這場靜坐抗議是一項針對性的策略。這些行動主義分子所要求的只是讓他們可以消費。這番行動清楚顯示出在種族隔離的南方，人們的成見比做生意更重要，於是，在這個特定場所的種族分界線變得無可辯駁。這些靜坐抗議凸顯出人們拒絕收錢，由此而在可說的和明顯可見的

圖五十二　傑克·莫埃貝斯(Jack Moebes)拍攝的北卡羅萊納州格林斯波羅的伍沃斯百貨公司靜坐抗議照片。

事物之間創造新的聯結。人們並不討論生意上的種族隔離——這只是一項「事實」，關於種族的常識的一部分。坐在吧台前並要求服務——這個看來單純的行為在當時卻是不可思議的。這一旦受到挑戰，幾週之內，許多吧台紛紛取消了隔離制，不過，警察也進行了多番逮捕。

頗單純的靜坐抗議姿態再度將問題的嚴重性升高到另一個層次。「州權」(States' Rights)這個挑釁的口號，主張隔離是受到(白種少數人做的)地方決策所左右，但如今卻被馬丁·路德·金(Martin Luther King)的再三呼籲所駁斥無效。他指出：根據《美國獨立宣言》，人人生而平等是不言而喻的。當時是行動主義分子、並參與(創立於一九六〇年的)「學生非暴力協調委員會」(Student Nonviolent

Coordinating Committee)的約翰·路易斯(John Lewis),對現在是美國眾議院成員的他而言,在這些靜坐抗議的經驗中,「民主成為我們經歷的事實」,[8] 而其他一些參與者談到自己的靈魂因此受到洗滌。對隔離的視覺化反動是如此成功,使得這些畫面已經被吸收成為美國的國家敘事的一部分。在一九六〇年代,美國聯邦調查局(FBI)用共產黨、恐怖分子和更糟的字眼,來形容爭取公民權的行動主義分子。現在,「美國黑人民權運動」則被視為美國包容度的一個象徵,表示美國克服困難並締造出更高度的團結一致,一如在美國《憲法》中提出的。

如果我們比較南非的歷史,其間的對比則相當鮮明,南非當地強制執行更嚴苛的隔離制度——以「南非種族隔離政策」(apartheid),或隔離生活(separate living)而為人所知。單純凸顯出社會的和商業的隔離還不夠。當局以無比的決心,讓種族隔離政策深入南非生活的每個角落。種族分野昭然若揭,並以暴力的方式強制執行。

以下的告示目前保存在開普敦的第六區博物館(District Six Museum),顯示種族隔離政策試圖維繫的分隔到了什麼地步:一間洗手間上明白地標示,不是只供「白人」使用、一如在美國的情形,而是特別供給「白人工匠」使用。基於土地擁有權和繼之而來的農業及礦業,非洲種族隔離政策對整個國家都至關重大,而在一九六〇年代,美國南方隔離的情況已經再也不像非洲這般嚴重。當僅由白人組成的南非國民黨(National Party)在一九五八年創立,以及南非共和國在一九六〇年創立，而結束了和英國的所有正式關係，南非種族隔離政策實際上變得更加嚴苛。

一九六〇年三月二十一日，在南非的沙佩維爾（Sharpeville），警察對示威遊行者開槍，這場遊行抗議的是《通行證法》（*Pass Law*），這個法案規定所有的非洲人（南非種族隔離政策之下所謂的當地原住民）都必須攜帶通行證，其中必須詳細載明身分、居住地、稅賦狀況等等。射擊結束時，共有六十九個人身亡，一百八十個人受傷，全世界的報紙都報導了這則新聞。在大部分的地方，這種殺戮會造成顯著的改觀。一九六三年，發生在美國阿拉巴馬州的伯明罕（Birmingham）的駭人爆炸事件導致四個小女孩喪命，人們普遍認為這促成了《民權法案》（*Civil Rights Act*）在一九六四年通過。然而，沙

圖五十三　開普敦的第六區博物館中的告示

佩維爾當時卻毫無改變。這使許多南非黑人深信他們必須武裝抵抗，這是唯一的前進方式。當時的南非是基於合法化的白人至上主義，而在這個制度終結之前，幾乎沒有任何單一事件可能使情況改觀。明顯的「種族」區隔蓋過了所有其他捍衛社會階級之分的議題和關切。

儘管如此，南非種族隔離的社會制度仍然無所不用其極，不讓南非白人居民面對到不同的選擇。在尼爾森・曼德拉（Nelson Mandela）於一九六二年被捕之後，坐了二十七年的牢，這段期間只公開了他的兩幅照片。非白人的人口住在難以抵達的偏遠地點，但是，理應是分開的人種族群之間卻有著各種各樣的專業和個人關係。數量少的白人族群監管非洲人的勞動，並且派非洲人做家務和照顧小孩。如果我們比較（南非白人）攝影師大衛・郭德布拉特（David Goldblatt, 1930-）以及和他對應的（南非黑人）攝影師恩尼斯特・科爾（Ernest Cole, 1940-90）的作品，則會看到這些對立以饒富趣味的方式從視覺上傳達出來。兩位攝影師似乎顯然都忠於「展現、但不說明」（show not tell）的現代派美學。他們的作品是觀察性的，而不是指示性（indexical）的。儘管如此，兩人的作品都被視為具有不同程度的震撼力。

當時，在這個國家，郭德布拉特的攝影集《荷裔南非人群像》（*Some Afrikaners Photographed*, 1966）引發了高度的爭議。非洲荷蘭語（Afrikaans，南非的荷蘭裔南非人所說的語言）的媒體極為憤慨，「血脈賁張」是它們當時典型採用的頭條標題。然而，令人震驚的東西全都隱藏在暗示裡。

在這幅尼爾森．曼德拉被判決之後不久所拍的攝影中，我們看到日常生活的一個片刻，它既是南非種族隔離政策的縮影，也顯現提倡這種政策的人們為何想加以隱瞞。這幅畫面是關於土地和權力。其中的兩個人物由於種族、性別和能掌握的權力而被區隔開來。小孩的身分是農人的兒子，他想必會繼承我們在照片中看到的所有土地。他自信滿滿地站著，採取典型的對立式平衡（contrapposto）姿勢，直視著攝影機。畫面中的女人身分是他的保母（而且她可能實際上餵他喝奶），她的身體朝向另一個方向，表情難以解讀，其中混合了防衛、認可和好奇。男孩似乎比大人占上風。他一隻手放在女人肩上，女人則往後觸及他，只碰到他的腳踝後側。這位看護悄悄地觸碰農夫之子時，背

圖五十四　郭德布拉特《農夫之子和保母》（*A Farmer's Son With His Nursemaid*）

後是有刺的鐵絲網籬笆構成的象徵性背景：籬笆同時標示出沒有權力的人以及動物的侷限。這位保母坐著，因此她的頭位在籬笆下方，年輕的農夫則站在（種族）分界線上方。

郭德布拉特是在「自家」農地探索日常的南非種族隔離政策，科爾則前往分隔的城市，那裡每天強制執行隔離制度，人們也一再抗爭。一九五八年，在他的青少年時期，他開始在如今已經成為傳奇的約翰尼斯堡跨文化雜誌《鼓》（*Drum*）學習拍攝技巧。儘管科爾的膚色是黑的，但因為他說非洲荷蘭語，所以他仍能被歸類為「有色人種」、而不是「黑人」。這個歸類讓他擁有足夠的行動自由來進行攝影計畫、紀錄新近的粗暴南非種族隔離社會制度、拍攝街道生活的照片。一九六六年，他偷偷地把這些照片帶出國，並於一九六七年在美國出版《奴役之屋》（*House of Bondage*），但馬上在南非遭禁。他的照片一直到二〇一〇年才在南非展出，當時他已經過世二十年了。科爾確實是「人群中的人」，但是他進行創作的那個環境中，並非人人平等。

出自這本書的這幅攝影顯示：在約翰尼斯堡街道強制執行《通行證法》之際，目光的交錯有多麼重要。許多人觀看一位非洲警察攔下一個非洲年輕人。若是採取今天的標準，則警察用的是最低度的武力，因為他預期人們會服從他。路人——有一些非洲人、一個白人女子及兩個顯然「有色」的人全都以不同的程度參與觀看這場衝突。白人女子似乎絲毫不覺得驚擾，而最接近這個場面的非洲女人則顯然關切地直視這場拘捕。右方站著一位留鬍子的白人男子，他顯然正在監督這場拘捕。我們不清楚他是否實際上是這個警察的上司，而可以指揮他，或者只是在南非種族隔離社會制度中具有白人男性的象徵性權威，但很清楚的是，他覺得要管這件事。他正好站在約翰尼斯堡的《星報》（*Star*）的告示前面，上面寫著：「警察再度突襲」。甚至連右邊柱子上的海報都似乎在看這這場衝突。而實際上，科爾本身也由於拍這幅照片而遭到逮捕。當南非種族隔離政策終於瓦解，當「真相與和解委員會」（Truth and Reconciliation Commission）揭露白人長久以來沒有看到、但始終存在的事物——種族劃分和區隔的暴力，許多白人感到震撼和惱怒。就像科爾的照片中的那個女人一樣，南非白人單純只是從旁經過。

今日，美國以及南非都由黑人擔任總統，

圖五十五　恩尼斯特・科爾（Ernest Cole）《奴役之屋》（*House of Bondage*）中的〈通行證法〉（Pass law）

局面顯然大為改觀。南非藝術家已然成為全球藝術界的一部分，就如約翰尼斯堡也是全球資本主義的一部分。光是約翰尼斯堡證券交易所的價值就超過非洲所有其他股票交易的總和。非洲前一百名的公司全都設在南非。這確實是非洲經濟弱點的註腳，但是也顯示：轉由多數人執政並未像人們經常預言的，會導致南非經濟崩盤。當局致力於擴展水電供應以及污水處理系統，讓大多數人口都能使用。但是在富人和窮人、黑人和白人之間持續存在巨大的財富差距。儘管有一些顯著的例外，但是富人仍然大多數是白人，而窮人則大都是黑人。一般白人家庭的淨值平均為一百萬蘭特（五萬八千英鎊）以下。和他們對應的非洲黑人家庭淨值則約為七萬三千蘭特（四千兩百英鎊）。[9]

最知名的南非新進藝術家之一：茲維勒圖．姆瑟斯瓦（Zwelethu Mthethwa）在鎮上、礦區以及農田創作，描繪大多數非洲黑人仍居住和勞動的地方。姆瑟斯瓦以像是圖五十六（2000）顯示的這類照片而受到國際矚目，照片顯現鎮上的一間房屋室內。許多觀光客在前往或離開機場的途中，可以看到鎮的外觀，但很少有觀光客受邀進入其中。姆瑟斯瓦的作品顯現鎮上居民如何以自己的家為傲，並且運用報章雜誌的彩色紙頁妥善地裝潢室內。詹姆斯．艾極（James Agee）拍攝經濟大蕭條期間、美國南方的貧困白人家庭的照片，也可以發現這種拿報紙當作壁紙的手法。紙的層次也用來隔絕。姆瑟斯瓦的整幅畫面都以取水的需求和勞動為主。小小的空間裡放滿桶子和其他的盛水工具。牆上的層架不平。地板是用磚砌的，所以人們並不是暫時居住在這裡。畫面中，坐著的女人從形式上再也不置身種族差異的背景裡。她獨自一人在這個空間中。這個女人潔淨而且體面，從視覺上拒絕作為受害者。

這個情況也是當自由於一九九四年降臨南非時、她可能懷抱的期待並未實現。終止南非種族隔離政策形式上的歸類，並未使種族分界線消失。現在，雖然有一些南非白人住在像這樣的陽春住宅中，但為數極少。於是，在南非，嚴重的犯罪問題孳生，這促成了一個有高度警力監管而且嚴加隔離的都會空間。現在，個人財富的指標是一個人擁有的鑰匙數量（Vladislavic 2009）。高牆和成綑的刀片鐵絲網，

圖五十六　姆瑟斯瓦《室內》（*Interior*）

取代了郭德布拉特的照片中的少數幾捆帶刺鐵絲網。在白人的街坊，到處都是監視攝影機、狗和武裝的守衛，而小鎮則由高聳的街燈照亮，街燈的高度是為了防止人們偷走燈的零件。情況以令人意想不到的方式進展：姆瑟斯瓦本身被控告在鄰近開普敦的烏茲塔克（Woodstock）鎮上殺害據說是性工作者的南非黑人女性諾庫斐拉．庫瑪洛（Nokuphila Kumalo）。法庭擬於二〇一五年審理這個案件。庫瑪洛恰是姆瑟斯瓦拍攝的那種人。不論是誰殺了她，她的死暴露出在全球城市中、全球多數人享有的「自由」的限度。

同樣的道理，冷戰雖然已經結束，城牆建設卻在全世界捲土重來，從以城門圍起來的社區到國與國的疆界、國族回歸到排外的城牆狀態。最值得注意的情形是，一面高八公尺（二十六呎）的隔離牆將以色列和它在「西岸地區」（West Bank）的「被佔領區」（Occupied Territories）隔開。這道牆最初是在一九九四年由當時的首相伊札克．拉賓（Yitzhak Rabin）直白地宣告：「我們想在我們和他們之間加以分隔。」他們在八年後、二〇〇二年開始動工，而這座牆目前的長度超過七百公里（四百三十哩）。它大抵是沿著在一九四八年分隔以色列和現在的「被佔領區」的那道「綠線」。然而，它從二百公尺延伸到二十公里、進入那個空間，以「保護」以色列屯墾區和其他利益。這座牆正在地上重畫國際的地圖，而且它的路徑往往很混亂。

它逐漸被塗鴉與海報覆蓋，並且讓人不安地想起柏林圍牆。在上方的照片中，有人在隔離牆上寫著甘迺迪的名句：「我是柏林人」。這句塗鴉文字意味著：今天，「柏林」位於「西岸地區」。

然而，柏林圍牆標示出一條人盡皆知的清楚分界線。今天，在圍牆造成的實體障蔽之外，還在許多層面上存在著分隔，而屬於以色列建築師伊亞爾・維茲曼（Eyal Weizman）所稱的「垂直政治」（politics of verticality 2007）的一部分，其中，分隔的重要性更甚於以往，而且從地下延伸到空中，劃分像是供水系統、航空交通管制以及採礦權等領域。甚至連是否能走某條路，都視你是住在以色列或巴勒斯坦而有所區隔。

在圖五十八中、由貝魯特當地的「視覺化巴勒斯坦」（Visualizing Palestine）團體繪製的圖

圖五十七　以色列和巴勒斯坦之間的隔離牆

像裡，可以看到許多道路都只有具有橘色以色列許可牌照的人可以通行，甚至在「被佔領區」亦然。具有這種許可的人，也可以走連接以色列屯墾區和隔離牆以東的地方的橋樑和隧道。相對地，對於具有巴勒斯坦的綠色和白色牌照的人們，路障、檢查哨以及甚至壕溝防止或限制他們在各個巴勒斯坦飛地之間往返。這些檢查哨是可遷移的，可能在任何時候出現在任何地方。以色列人及巴勒斯坦人已經無法看到彼此。分隔的城市總是所有的城市中的極少數，但它們藉由極為顯眼的實體障蔽，表現出其時代最主要的緊張，這些障蔽並使外部的人無法看到某些地方。

全球城市

全球城市是同時塗消、區隔以及擴張的空間，難以看到，更難以理解。舊有的分野已經消除，但人們卻建立了新的分野。熟悉的空間消失了，取而代之的是無盡的、難以區分的新空間。觀看變得很複雜，接近將戰場可視化。我們必須記得曾經在那裡的東西，嘗試並納入取而代之的東西，並跟上改變的步調。雖然這些城市中形式上的藩籬愈來愈少，但顯然每個人並不具有同等的權利。

最近關於記憶和地方的思想大量援用法國歷史學家皮耶・諾哈（Pierre Nora）的「記憶所繫之

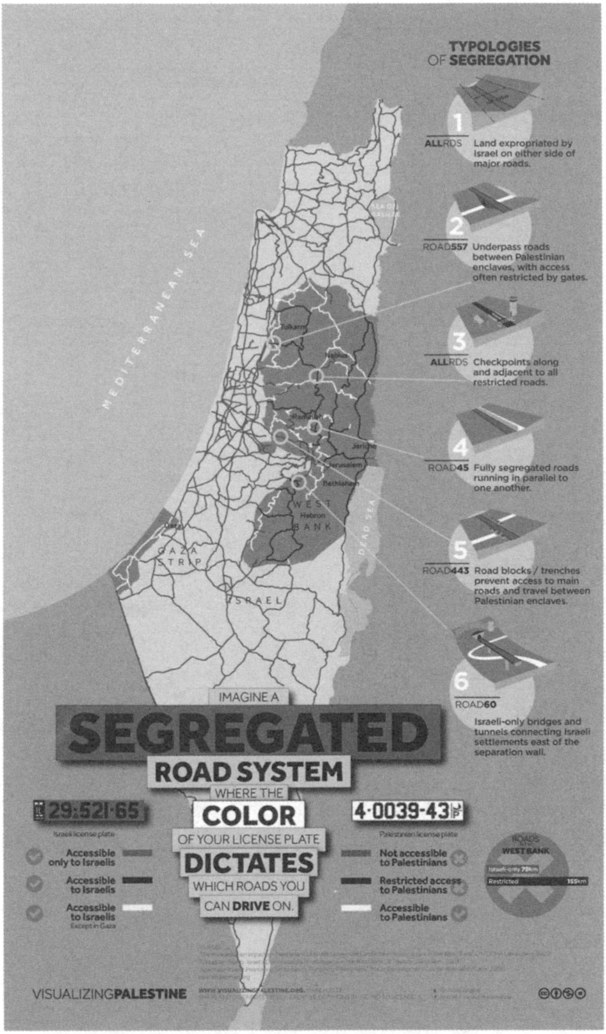

圖五十八　「視覺化巴勒斯坦」團體《隔離的道路系統》(*Segregated Road System*)

處」（lieux de mémoire）[10]的概念，意味著在一般而言的地方的，以及特別是記憶的心理建構中，特定的實體地點是一個關鍵因素（2006）。這雖然很適用於相對穩定而歷史悠久的國家，像是法國——也是這個觀念的發源地，但似乎並不適用於像是柏林這樣快速變遷的城市，遑論全球城市。說來奇怪，記憶似乎變成第一世界的又一項特權。因為，人們雖然清楚記得歐洲的災難，卻很少揭露非洲的災難。

這並不代表記憶維持不變。今天，柏林圍牆幾乎已經徹底被拆除，只有一排鵝卵石標示出它先前沿著的軌跡。就像許多其他的全球城市，柏林正處於激烈轉變的過程。如果你好一陣子沒有去過這座城市，那麼你可能走出一個熟悉的地鐵（U-Bahn）車站，但馬上強烈地失去方向感，因為眼前出現了一棟你不認識的新樓房或建築物——你自問：我是否位在對的地方、我是否忘了它的樣子，或者它是否變得難以辨識？記憶被改變了。

二〇〇六年，我看到前東柏林的共和國宮（Palace of the Republic）被拆除，這是政府積極抹煞共產時期事物的措施之一。一九七六年，為了慶祝社會主義國而建的這座宮殿，是黨代表大會以及其他這類場合的地點。現在，人們正在同一個空間重建這座從前的多任霍亨佐倫（Hohenzollern）君王的十八世紀城堡，它是這座宮殿的前身。那將是一座詭異的建築：它的三面外觀確切複製了過去的宮殿，但第四面外觀將是當代的玻璃牆。在戲劇的領域，「第四面牆」這個詞是形容觀眾看著舞台上的演員時產生的假象，彷彿演員們純粹在一面透明牆的後面過他們的生活。現在，全球城市包含著假空間的地帶。這些地帶一開始雖然飽受爭議，之後卻無可避免地被人們接受，並融入城市景觀中。畢竟，仿冒是全球化的表徵，而今天，人們往往難以區別仿冒品和所謂的「真實」。例如，「假的」中國手錶和它所模仿的品牌一樣，都使用了瑞士機械裝置（Abbas 2012）。這樣的一支假錶在材質上和真錶一樣，但是缺少「真的」品牌的文化聲望。假城堡將國王和皇后的歷史連接到全球購物中心的建築上。它幾乎是歷史，但又不盡然。

在中國杭州有座天都城，在這個城門圍起來的社區裡，其面積三十平方公里（十二平方哩）的巴黎風建築中，有一座高達一百零七公尺（三百五十呎）、酷似艾菲爾鐵塔的建築物。如果你比較偏好英式風格，則你可以在接近上海的泰晤士小鎮（圖五十九）的市集廣場周圍，找到鋪石子街道以及都鐸（Tudor）風格的房屋 。這些房屋在某個意義上顯然是贗品，但住在裡頭依然舒適。一如這幅照片暗示的，購置這些住房的富有顧客實際上很少住在這裡。這個情況也發生在所有的全球城市的高階市區。例如，在倫敦，像是貝爾格萊維亞（Belgravia）以及騎士橋（Knightsbridge）等富有的街坊正一天天地愈來愈空，因為這些頂級房地產的主人置身別處、在另一座全球城市。經濟學家約瑟夫・史迪格里茲（Joseph Stiglitz）所稱的百分之一的那些人（2011）現在住在全球各地，過著實際上不復存在的十九世紀歐洲和二十世紀中期美國都會生活的假世界中。同時，一心想成為那百分之一的人之中（一次民意調查顯示：百分之四十二的美國人認為他們目前是或未來會屬於那百分之一），許多人都帶著仿冒的路易・威登（Louis Vuitton）包包，並戴著仿冒的勞力士（Rolex）手錶。仿冒的這種怪異而不對等的仿效，象徵了在全球城市中觀看的方式。

試著去看「假冒」卻又極為真實的新全球城市之際，採用科幻小說的方法論將大有助益。柴納・米耶維（China Miéville）在《被謀殺的城市》（*The City and the City*）這部小說中，描繪著涵蓋相同幅員的兩座城市（2009）。一條街道可能全部位於烏廓瑪（Ul Qoma），下一條則位於貝澤爾（Beszel），另一條可能各有一部分位在兩座城市之中。在米耶維的世界中，市民若要順

圖五十九　中國的泰晤士小鎮

利通過這個空間，就必須學習如何從另一座城市「不看」空間。非居民——尤其是兒童——發覺這很困難、甚至不可能，而且由一股叫作「破壞」(breach)的神祕力量周嚴地管理人們不觀看的行為。在這部小說中，一個人如果看不該看的東西，將會導致「破壞」，並受到消失的懲罰。全球城市既在那兒、也不在那兒，它要我們同時注意到以及忽略它。

在中國，大規模的新都會化正在轉變人為建造的環境；而相較於當地的變化，柏林的重建則顯得不足為道。這番新的都會化具有兩個區塊：為了使國際觀光客和地方高層人員為之驚嘆而建造的展示區域，它們和專屬當地人的無邊工作場所及居住區形成對比。在中國，人們將這些新的住宅高樓稱為「握手小區」，因為它們建得如此靠近，彷彿人們可以從一座高樓企及另一座高樓，並彼此握手。德國攝影師麥可．沃夫(Michael Wolf)從較為形式的面向，將這個現象稱為「高密度建築」(architecture of density)。

沃夫拍攝這些香港的新建築照片，觀者無法判定這些建築的起點或盡頭，由此發掘了在看起來純粹實用性的空間裡發揮的某種現代派美學。這樣的街區和全球資本主義的反射性玻璃高樓之間產生某種隱含的視覺衝突。住宅空間通常都安然位在商業區域的景觀之外。人們建設了玻璃高樓，以顯示全球資本主義假定的透明性。一如我們在二〇〇七年的金融風暴之際和之後的期間所發現的，這些高樓隱藏的東西多過所展現的東西。實際上，玻璃只讓位在裡面的人看到外面。這些單向鏡的建築物是某種世界秩序的人為建造環境，這種秩序「不看」應該是這座都市的市民。同時，握手小區的居民幾乎難以從他們的公寓小窗戶窺見任何東西，而只能望向一大批其他這類的街區。

藝術家梁思聰（Sze Tsung Leong）著手紀錄了中國的平民街坊的重建。別緻的低矮房屋一再讓步給外觀如出一轍的大規模現代新建住宅，並以工業中國持續不斷的空氣污染為背景。起初，梁思聰拍攝這些照片是為了向馬維爾這樣的歐洲先驅看齊，後者紀錄了十九世紀的巴黎轉變（見圖四十八）。

梁思聰的照片就像馬維爾的攝影，畫面中也罕有人跡，卻把焦點集中在建築物上。不久後，梁思聰即感到自己的作品和歐洲的懷舊大

圖六十　麥可・沃夫的攝影集《高密度建築》中的香港照片

異其趣。相較之下，他拍的照片顯現的卻是「基於塗消過去而建立的工地形式所體現的歷史匱乏，這番塗消是如此徹底，以至於個人將永遠不會知道曾經存在著一段過往。而這些照片預見了尚未展開的未來歷史，體現為新建城市的形式。」[11]這其中當然涉及不看過去，但這段過去尚未完全。在歐大旭（Tash Aw）於二〇一三年出版的、以上海為背景的小說《五星級億萬富翁》（*Five Star Billionaire*）中，人物全都試著順應中國的劇烈改變步調。「每個村莊、每座城市、一切都在改變」，一個年輕女子說。「就好像我們被幽靈附身——就像在一部詭異的恐怖片中。」[12]一如我們之後會看到的，恐怖片中恰是以這種方式從視覺上呈現全球城市的變化——當過去本身變成「破壞」妥善接合的現在、揮之不去的幽靈。

在上海，帝國——昔日的殖民帝國以及經濟全球化——之間有著明顯的衝突。在它們的並置之下，從視覺上呈現出政治科學家馬丁．賈克（Martin Jacques）所謂的、由中國的崛起而彰顯的「矛盾的現代性」的繁複性（2011）。直到最近，相關的所有人都一致認為一個國家若要變得現代，只能透過一個方式，而那就是西方的方式。「現代」意味著具有代議民主、自由市場以及讓人能自由表達的公民社會等等。中國的崛起顯示出至少有兩個現代的方式。中國結合了很強的政府，它以管制的經濟自由化來嚴格限制個人的自由。根據賈克，中國最重要的是它獨特的文化以及漫長的文明史，而不是一整套「不證自明」的原則。於是，我們現在正在釐清矛盾的現代

圖六十一　梁思聰的攝影集《歷史影像》(*History Images*)中的畫面

性。或是一邊是對的、另一邊是錯的，或者是存在著多重的現代方式。

上海揚子江的一個河岸上是浦東，它是這座城市的新商業和金融區。觀者在此面對著一大批設計壯觀的高樓大廈，猶如一堵牆。浦東使上海晉階成一座全球城市，並區隔了在其中工作的人、尤其是在當地擁有土地或建築物的人，以及其他地位較低的人。它是這座城市中的城市。

浦東挾其浩大的規模、嶄新以及壯觀，而令人震懾。誰知道在這些被反覆拍攝的樓房裡實際上發生什麼事？在河的另一邊，以外灘為人所知的昔日濱水殖民區仍保有原來的外在形式。

在一八三九至一八四二年的鴉片戰爭之後，上海向西方開放，在這場戰爭中，英國為了取得在龐大中國市場經營鴉片貿易的權利而和中國作戰，並且賺進了大筆財富。英國愛德華時代（長久以來備受尊崇）的鴉片商——怡和洋行（Jardine Matheson）其愛德華建築風格的總部現在仍盯著浦東，雖然沒有任何告示指出它的過去歷史。

這棟建築已經變成一家流行商店，而且名稱奇特——叫作「羅斯福公館」（House of Roosevelt），銷售仿冒的奢侈品。每個夜晚，浦東建築物上的霓虹招牌，為沿著外灘殖民地排開的觀眾群上演一場秀。在這裡以及中國的其他地方，這種情況傳達的訊息昭然若揭——我們的做法是贏家。

城市中的人為建造環境比其中的電子網絡更令人感到不真實。人們從電子和數位媒體中察覺到鬼魂和幽靈，以此探索自己因為生活中的無盡轉變而生的焦慮。在電影中，舊勢力仍

圖六十二　上海浦東

然強大。人們可以從新的媒體內部加以控制和操控。這個類型的經典仍屬《駭客任務》（*The Matrix*）（1999）和片中關於電腦以及數位模擬城市的柏拉圖式警世故事。為這部電影編寫劇本並負責執導的華卓斯基（Wachowski）兄弟想要人們都記起柏拉圖關於外表的欺瞞性質的古老題目。在這部電影中，電腦符碼創造了一個假的世界，人們在其中被捉弄，誤以為自己是自由之身，但他們的身體實際上卻用來作為「母體」（Matrix）的電池。

學習去看「母體」的模擬機械世界是加以抵抗的關鍵。在或許是本片的最佳橋段中，莫菲斯（Morpheus，勞倫斯・費許朋〔LaurenceFishburne〕飾演）讓尼歐（Neo，基努・李維〔Keanu Reeves〕飾演）做選擇。他可以吃紅色

圖六十三　上海的怡和洋行大樓

藥丸，並看到這個世界的原貌，或者吃藍色藥丸，遺忘他聽說的事，並回歸到日常生活中。但莫菲斯堅持：「你必須自己親自去看」。

在《鬼夜》（2013）這部香港恐怖片中，像是手機或者光碟等現代媒體都證明著了魔。片中最嚇人的角色是香港這座冷血的城市，有鑑於香港將在在二〇四六年回歸中國、由它全面掌控，這個地方已經人心惶惶。目前，香港在中國的版圖內，但不是由它管轄。當你進入這個地區，不必在護照上蓋章。彷彿這座城市位於無人地帶。在《鬼夜》中，旁白極為清楚地表達這個看法：「人類。幽魂。大家都在尋找回家的路。」

在由全球城市創造的世界中，愈來愈難找到一個家。在西班牙經濟危機襲捲之際，全國

圖六十四　《駭客任務》電影畫面

各地的牆上都可以看到這句流行的口號：「我將永遠不會擁有一間他媽的房子。」許多加州人抱怨由於房租和住屋價格逐漸上漲，舊金山已經將所有不富有的人驅逐到偏遠的內地，並成立了一座科技主題園區。倫敦不僅正藉著天文數字的租金和房價，而將較不富有的市民驅逐出去，而也在監視他們。英國現在擁有超過四百萬台閉路監視器，幾乎全部由私人公司擁有。倫敦的地方政務會宣稱該市只具有七千台監視器，但自豪地提到：這個數量遠超過巴黎的三百二十六台。今天，倫敦市警察辦理的所有謀殺案中，百分之九十五都使用閉路電視的資料影片。[13]一些城市在嚴密的監視之下重新形塑，而像是底特律等其他城市則正在崩解。底特律目前缺乏超過四萬盞街燈。這座城市的大批區域都一片漆黑。在底特律這座以汽車出名而拓展的城市、方圓三百六十平方公里（一百四十平方哩）的城市範圍裡，目前的空地面積和舊金山一樣大。這些模式是相連的。在底特律，舊金山「沒被看見」（或者可能是「看不到的」），反之亦然。

在巴黎，這兩個空間以同心圓的形式彼此包圍，然而，富有、大多由白人組成的市中心「不看」另一個窮困、大多由黑人和棕色人種組成的郊區。全球城市的過去已經被塗消、變得隱形，但人們仍然對它們保有記憶——至少目前是如此。當法國作者米榭爾．狄．塞杜（Michel de Certeau）在一九七〇年代要想像如何觀看每天的生活，他前往紐約的世界貿易中心（World Trade Center）頂層，向下俯瞰周遭的城市（1984）。從實際上或暗喻上而言，你現在都再也不能去那裡。

地圖世界

觀看繁複交錯的、分隔的、消失的、擴張的全球城市再也不那麼簡單。但是，為了看我們置身何處，我們回到自己的螢幕前面。冷戰的一項奇特遺產是新的繪製地圖方式。在史普尼克衛星於冷戰時期的美國引發一陣恐慌之後，一部分人的回應是：創造讓人在地表任何地方都能精準定位的一套衛星，這以「全球定位系統」(Global Positioning System)或者GPS為人所知。在超過二十年的期間、一直到冷戰於一九九四年結束之際，人們才徹底開發出為了讓核子武器準確瞄準而推出的GPS系統。美國政府擁有的這套系統及其二十四個衛星，其用途逐漸從軍事擴展到民間。GPS接收器藉由從繞軌道運行的衛星中的四個定時接收使用者信號，來計算位置。現在，數百萬人的手機及其他個人資料處理器裡都具有這樣的設備。歷史上頭一次，能使用GPS的人可以在不需要技術性的技巧之下，精準地定位自己。人們也發展出獨立於手機以外、純粹為了使用GPS而設的設備，因此，人們可能永遠不會迷路，或者至少都能知道自己置身何處，即使不確定那個地方在哪裡。

為了彌補那個差距，出現了各式各樣的地圖服務，從為車子而設的導航系統、到像是「Google地球」以及「Google地圖」等免費服務。「Google地球」是一個大型資料庫，被繪製成猶如天衣無縫的視覺呈現。「Google地圖」（以及其他這樣的應用程式）是為了實際使用而設計，它告知方向、詳細指出一個特定地點的每座建築物的功能，甚至還讓人能透過「街景服務」服務去「看」一條特定的街道。而如果對使用者來說，連這個都太複雜，軟體還將提供語音的方向指示。Google派遣車頂備有自動攝影機的車子，去拍攝所能進入的每條街道。觀者運用這項功能，即能在抵達目的地之前看到該地的景觀，這對於前往不熟悉的地點時很有用。你也可以單純為了好玩而瀏覽某些地方的景觀。一些人擔憂小偷會運用「街景服務」來對準想偷竊的財物。

「Google地球」以及「街景服務」運用所謂的「拼接」（stitching）程序，將數量龐大的個別影像連接成看起來連續的描繪。由於系統裡的一個失靈，在某些點上，這些軟體中的假象破綻畢露。藝術家克萊蒙・瓦拉（Clement Valla）將定位這種失誤轉變成一種藝術形式，他稱之為「Google地球明信片」（Postcards from Google Earth）。這些繪製上的失誤所造成的影像，卻有種奇特的熟悉感，因為它們看起來像是今天的多廳電影院中充斥的、電腦產生的災難畫面。

就如瓦拉在他的網站上的說法，「Google地球」是：

> 一個新的呈現模式：它並非透過指示性的照片，而是透過從持續更新並無限組合的大量種種原始素材收集到的自動化資料，來營造天衣無縫的假象。14

對瓦拉而言，我們已經在「母體」裡面。「Google地球」看起來並不像地球，卻類似於其他的數位素材。由於我們在生活中花費這麼長的時間觀看這些素材，它於是變成真的。

類似地，攝影師道格・利嘉德（Doug Rickard）運用「Google街景服務」生成的影像流作為他有時飽受爭議的作品的原始素材。他在搜尋引人注目的畫面時，是以一九三〇年代的美國聯邦農業安全管理局（Farm Security Administration, FSA）照片的美學為基礎。這些照片之中，有許多已經成為美國攝影的經典，像是朵洛西亞・藍吉（Dorothea Lange）的《移民的母親》（*Migrant Mother*）。藍吉、沃克・伊文思（Walker Evans）、戈登・帕克斯（Gordon Parks）等人為了找尋這樣的畫面，首先必須前往

圖六十五　瓦拉「Google地球明信片」

赤貧的地方，然後辨識並且捕捉饒富意味片刻。利嘉德則透過在電腦上瀏覽來進行創作，往往刻意去看他知道農業安全管理局攝影師曾經描繪的地方。以這種方式所看到的景象令人熟悉，是基於紀錄式或街頭攝影所做的變化。只是「攝影師」從來不在那條街上，而且甚至並未拍攝那幅畫面。

儘管或許是無意的，但瓦拉和利嘉德顯示出：控制社會所無法控制的兩個問題——天然的或其他原因導致的災難，以及不平等——也體現在網路上。「Google地球」上、瓦拉的扭曲影像令人想到颶風、地震及並未妥善建造或維修的基礎建設崩壞導致的荒廢情狀，我們現在將這些事物關連到和氣候變化相關的事件。利嘉德在網路上應該是「公平的競賽場」中找到孤立無援和弱勢的人們。這些看世界——改變中的自然世界和社會性的改變——的另類手段將是本書最後幾章的主題。

a・譯註：歷史上，法文的「紅帶」（ceinture rouge）或「紅色郊區」（banlieue rouge）指在巴黎周圍、從一九二〇年代以來由（主要是法國的）共產黨執政的所有市鎮；廣義而言，則是指巴黎周圍、大都由勞工階級組成的所有市鎮。類似地，「激進」可狹義地指政治上的激進派、或廣義的郊區流氓等人士的激進行為。本文應該是採取廣義的意思。

b・譯註：在英語世界對這段文字的英譯中，採用的動詞有兩種版本，或是「保有」（possession of）或是「享有」（rejoices），而在原始法文文本中，則是用「享有」（jouir）一詞。

c・譯註：法文為porte，一如英文的gate，都兼具「門」、「通道」之意。這些「門道」位於巴黎市和郊區接壤之處，而因為巴黎市區在歷史上經過多次擴大，所以今天在市區內也存有昔日的「門道」。它們並非全都具有城牆建築的形式，而許多門道附近都設有廣場。

d・譯註：東德挹注大量資金給該公司。

第六章
改變中的世界

我們如何知道氣候何時發生了改變？其中涉及看來似乎極為抽象的規模、度量和理解的問題。氣候就是一種抽象概念，是人類在一段時間中轉化出來的某些資料，而這些資料本身是人類所無法觀察到的（Edwards 2010）。人們無法就此做任何試驗，因為它的規模就是地球本身那麼大。科學家發明了一個稱為碳循環的模式，來解釋這個星球如何在過去的一萬兩千年，維持了適於農業及人類生活的溫度，而從地質學時間來看，這段時期本身相當短暫。從前，動物生命所呼出的二氧化碳，恰由植物的光合作用達到平衡，而海洋釋出並且吸收適量的這種氣體。這當中涉及的量微乎其微。大氣中的碳平衡維持在百萬分之二百七十八——這種看不到的氣體的比率極小。像是燃燒化石燃料等人類活動，已經將含量的數字提高到百萬分之四百，但這仍是很微小的量、仍看不見，但是它現在正對全世界的氣候造成日益強大的影響。即使明天人們就停止一切的碳排放，氣候仍將在未來的幾個世紀裡持續變化。但是，從實際上和隱喻上，我們仍然看不到氣候。

我們必須將氣候的變化變得較不抽象。我是這樣了解氣候變化的：二〇一〇年八月，我在美國於西太平洋的屬地關島開始研究氣候變化。島上的原住民——查莫洛人（Chamorro）最近試圖要求恢復長久遭到忽視的、對自己國家的權利。他們的努力包含復興傳統航海術，而以手工製成、毫不運用現代材料的獨木舟航行了幾千哩，藉此表明他們的社會並非沒有科技，而且，並非所有的科技都必然對環境有害。航海人運用對星辰及土地如何改變海浪流向的知識，擬出航海路線。

在我和當地原住民的談話中，這個航海傳統的第七代航海能手——人們只知道他叫馬尼（Manny），帶著權威的神情說明他的技術。我問他是否看出氣候變化造成的任何差異。他指出，自己向來都能預測天氣。他的同僚說明：曾經有一群水手在計畫一場大約兩千四百公里（一千五百哩）的航行。馬尼只單純地說，他們必須在七月的第一個週末返回：那一年的七月八日，一場颱風襲擊。他說明：在這個赤道帶地區，好幾個世代的人觀察到的天氣模式已經很穩定，足以讓人這麼精確地預測。但馬尼告訴我們：「現在我則無法辨別天氣會是怎麼樣的」。我們就是這樣看出氣候，以及這個世界都已經改觀。

我們現在所能看到的是，自從工業革命從一七五〇年左右開始以來的漫長人類時期裡，人類對世界的改變所導致的結果，而從地質學時間的角度來看，這段時期極其短暫。在最顯著的多項持續轉變之中，除了氣候的改變，就是第六次生物大滅絕，以及對世界的四分之一森林愈加嚴重的濫伐。想像在沒有珊瑚礁、極地的夏天沒有結冰的世界，人們只能在動物園或像是遊樂園等仔細控制並受到保護的戶外區域，才能看到像是獅子、老虎以及北極熊等大型動物。歡迎來到二〇四〇年。由於我們已經根本地使世界改觀，到那個時候，人類和世界的關係將產生根本的改變。簡言之，一切看起來都會不一樣。

然而，除非我們像馬尼一樣，具有訓練有素的視力，否則我們並不一定總是能輕易看出這些改變。在試圖將這些改變化為可見之際，最常見的方式是運用比較的形式，而這可能相當有效，在《逐冰之旅》（*Chasing Ice*, 2012）這部電影中，用於紀錄冰河消退的縮時（time-lapse）攝影即為一例。攝影師詹姆斯・巴洛格（James Balog）在三年之中，將二十五個攝影機架設在世界各地的冰原上，就每個地點攝製了一系列的縮時片段。即使在這個短暫時期，藉由持續播放這些照片而製成的「影片」都展現出冰以顯而易見而撼人的方式消融。詹姆斯・布拉薛爾（James Brashears）以類似的方式，重新走訪二十世紀著名的冰河和覆蓋白雪的山岳照片的拍攝地點，並拍攝新的照片。在新、舊照片並列展現之下，戲劇性地完整顯現出冰雪消失的程度。

人們運用比較來描繪全球規模上的改變。圖六十六顯示的世界地圖是由英國醫學期刊《柳葉刀》（*The Lancet*）在二〇〇九年所繪製，描繪全球的碳排放和死亡率之間的關係。圖表的上半部根據全球碳排放百分比來呈現排放的國家。排放量愈大的國家，面積就愈大。下半部顯示氣候變化對每個國家所造成的、從人類致命性（mortality，就是白話英文所謂的「死亡」）而言的可能後果。在畫面的上半部，歐盟和美國顯得很大，它們顯然是最主要的排放者，而非洲則幾乎看不見（這幅地圖今天看起來會略微不同，因為中國已經攀升到排碳圖版的頂端）。在下半部，則可以同樣明顯地看到非洲和印度將遭受最嚴重的後果。

這幅地圖向我們說明了從前未必知道的重要事情：在進行碳排放的國家和受到碳排放後果所苦的國家之間有著倒反的關係。撒哈拉沙漠以南的非洲排放很少量的二氧化碳，但卻會由於氣候改變之下的旱災，讓原本已經因為其他嚴重破壞而岌岌可危的地區，損失很多生命。

然而，對否認者而言，這些圖表或照片都無法顯示正在造成暖化的原因。百分之九十八的科學家一致堅信人類活動顯然是箇中原因，受到高額挹注的團體則堅稱這種說法是爭辯，其中許多團體獲有化石燃料公司——全世界獲利最高的企業——的資金挹注，抱持著圖利的心態（Oreskes and Conway 2010）。儘管如此，所有這番軒然大波則掩蓋了另一個轉變。由於氣候的改變使以整個星球的規模進行，科學家只能以模式來推測後果。否認者宣稱需要就此進行試驗。在這個意義上，在十七世紀始於笛卡兒的這項信念——科學指觀察以及可重複的試驗（第二章）——已經告終。相對地，人們卻是基於由某種知識基礎結構支撐的計算模式，來進行全面的理解：以氣候為例，這些基礎結構會是天氣觀測、衛星資料、解讀雷達等等，人們基於過去的度量來加以測定。相異於從前的英雄式科學家的情形，現在這些資料並非單由一個人就能做到，因此，知識本身便是一個基於網路網絡的模式。

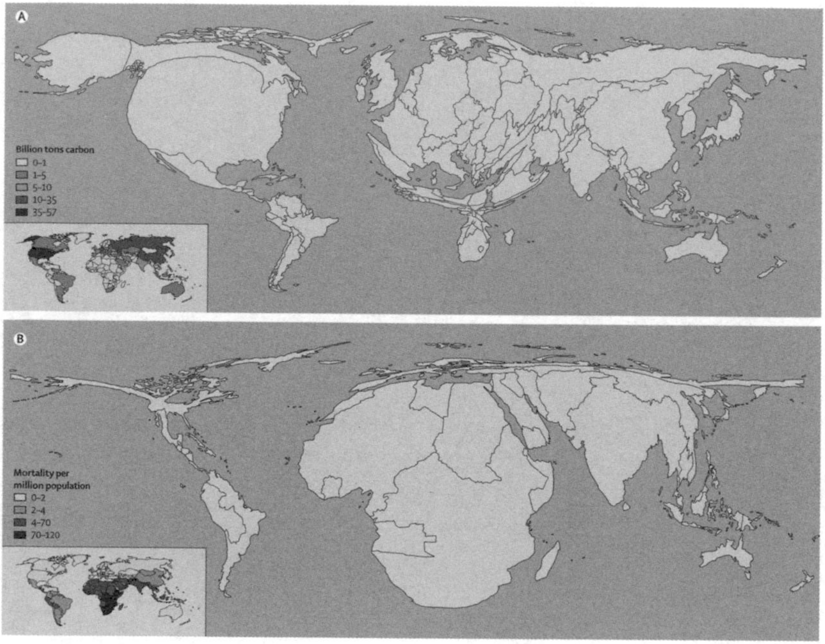

圖六十六　登在《柳葉刀》雜誌的「處理氣候變化對健康的影響」(Managing the Health Effects of Climate Change)地圖

看見改變

這些模式顯現的改變是如此徹底，地質學家於是將工業革命以來的時期命名為「人類世」（Anthropocene）：「新的人類紀元」。指的是人們已經改變了這個星球根本的地質狀態，範圍從所謂的岩石圈的石質深處，到大氣的最高層。而那意味著我們在測量「深度時間」（deep time）的方式、在理解這個星球無盡漫長歷史的方式上有所改變。人類已經在稱為「全新世」（Holocene）這個短暫的地質學時期裡繁衍茁壯；「全新世」意指「全然新近的」，它僅有一萬兩千年的歷史。「全新世」是「第四紀」（Quaternary）中最新近的時期，「第四紀」本身則是一個年輕的地質學時期，具有大約兩百五十萬年的歷史。再補充說明這個背景：之前的「新第三紀」（Neogene）時期大約從兩千三百萬年前開始。從前需要幾百萬年才能改變，如今卻只需要幾十年。從前會是人類完全看不出的轉變，如今在一個人一生的短暫時間裡就發生了。我們必須學著觀察「人類世」。

由於深度時間的改變，其所造成的一項損害是一種典型的看世界方式不復成立了。西方思想的一個關鍵認知區別出單純存在的「自然」、和人類所創造的「文化」。具體來說，藝術家觀察自然、並將它變成文化——例如，藝術家畫出來的某片土地的景觀，變成一幅風景畫。現在，這個區別已經蕩然無存。這番區別本身背後有一段歷史，我們必須加以追溯，之後再開始透視「人類世」。

自從十七世紀的科學革命以來，西方崇尚所謂的「對自然的征服」這個明確的說法。對於率先號召進行這番征服的英國科學家法蘭西斯・培根（Francis Bacon）而言，自然是神所提供的，目的是「為了供給資產給人類」。[1] 培根的意思是：人類很脆弱，需要食物和遮蔽才能存活，他可以透過將自然界當成資源使用，來保護自己。正是在這個時候，西方藝術家開始畫風景畫，特別是在荷蘭，它當時是一個經濟地位優越的強國。風景畫是以視覺呈現對自然的征服以及殖民的征服。人們打贏了與自然的戰役，但如今接著發生的是，自然在這種勝戰導致的後果下，緩緩崩解（Nixon 2011）。

我們不僅已經長久承擔這番衝突的代價，也已經學會將它視為美好的。現代的美往往是氣候改變下的產物。例如，在十九世紀早期的英國，以新的方式顯得壯觀的落日令浪漫主義詩人著迷。這些落日景象是那個時期的新工廠所用的煤炭微粒在空中折射出紅光而造成的。浪漫主義者用「壯麗」（sublime）這個詞來指涉某種美，它如果是由個人親身經驗將很糟糕；但如果是透過藝術中的描繪看見，則相當動人，就像我們在浪漫派藝術家透納的繪畫中看到的船難或者暴風雨。

今天的颶風、旱災、水災、創紀錄的下雪，以及上升的溫度帶來一種不同的感覺——隨著不尋常的天候變成新的常態，人們持續感到不安。那種不安呼應新的全球城市、數位網絡以及無人作戰機造成的不安感。如果要在並未逐月暖化的世界生活一個月，則你必須在一九八五年以前出生。如果你未滿二十八歲，則你從不知道氣候改變之前的世界是什麼樣子。然而，你的身體卻經歷到旱災、水災以及升高的海面和過去的經驗彼此脫節。整個狀況就是不對勁。所以我們必須想像那番過去，援用柴納・米耶維的說法，就是「不看」(unsee)那番過去教我們的看世界的方式，並且開始想像一個不同的方式，去和我們向來謂為自然的東西共處，而那將是觀察「人類世」。

鳥

這個星球最明顯的改變之一是鳥的數量大幅減少，而鳥卻對人類曾經創造的每個神話和文化體系如此重要。人類長期以來一直在蹂躪鳥的族群，而在這個過程中重新塑造了世界的樣貌和聲音。根據記錄，光是在東加(Tonga)王國的太平洋島嶼上，自從人類在大約兩千八百年前來到這裡，就有二十六種鳥類絕種。現代航海更戲劇性地加速了這樣的滅絕步調。荷蘭水手在一五九八年抵達模里西斯(Mauritius)島，他們在那裡發現不會飛而可食的鳥，他們稱之為渡渡鳥。水手和其他旅人吃掉了數量可觀的這種巨鳥，而旅人帶來的豬及獼猴則大啖這些鳥的蛋。咸認最後一次看到渡渡鳥是在一六六二年，這是征服自然導致的最早傷亡之一。

從自然淘汰造成的絕種的較長時間框架來看，這番轉變相當驚人。「背景」絕種率(指在沒有人類介入之下會發生的絕種數目)很低。若沒有人類的涉入，會需要四百年的時期，才會有單一種類的鳥絕種。從十九世紀以來，渡渡鳥一直是大眾文化的固有特色，因為牠是第一個現代徵兆，表示人類足以使改變的本身改變。

鳥的死亡變成整個早期現代歐洲科學的一個令人好奇的主題，而這個歐洲代表了對整體自然的征服。德比的約瑟夫・萊特(Joseph Wright of Derby)這位畫家在他的《一隻鳥的空氣泵浦實驗》(*An Experiment on a Bird in the Air Pump*, 1768)這幅畫中描繪了這樣的死亡。空氣泵浦是由科學家羅柏・波以爾(Robert Boyle)在一六五九年發明，他用它來證明許多原本無法看到的空氣特性。在他的試驗中，鳥被置於泵浦內，裡面的空氣同時被抽掉，由於鳥的死亡，證明了空氣是生命中不可或缺的。一個世紀之後，這項試驗變成既是娛樂、也是科學，由自詡為「自然哲學家」的人在演講廳以及私宅進行。(氣候變化否認者今天覺得必須執行、好測試氣候改變的試驗就是這類的試驗。)萊特戲劇化地描繪的情景是這樣的：畫中的鳥在真空泵浦裡拍著翅膀，孩童們傷心不已，同時，大人們則就這番奇景而進行有學問的對話。科學被呈現為凌駕感性的理性，這兩者分別被視為是女性的和男性的。充滿戲劇感的燭光以及試驗者充滿聖光的模樣為這個場面更添張力。大部分的實際試驗使用像是百靈鳥以及麻雀等小型的本土鳥類，但萊特卻畫了一隻鳳頭鸚鵡。多虧了庫克（Cook）船長的旅行，英國人剛開始認識這些熱帶的鳥。這個國家的少數樣本稀有而且昂貴，因此，人們不太可能為了科學的趣味而將它列入殺害的名單。萊特透過畫一隻熱帶的鳥，意圖強調征服自然以及征服海外新領土之間的對應，並加以視覺化，而英國哲學家則在空氣泵浦存在的整個時期裡做這樣的對照（見第三章）。

圖六十七　華倫汀・格林（Valentine Green）《一隻鳥的空氣泵浦實驗》（仿萊特畫作）

圖六十七這樣的試驗當時並未引發爭議，因為現代西方人認為鳥是取之不盡的資源。這番誤解最戲劇性的例子之一是旅鴿（Passenger Pigeon）。這些鳥當時在北美如此眾多，而挑戰了人們的信念。著名的鳥類學家和藝術家約翰・詹姆斯・奧杜邦（John James Audubon）因為鳥的「無以計數的大量」而感到如此吃驚，於是，一八一三年，在肯塔基州，當這種鳥從他上方飛越，他試圖估計數量。他計算當時看到的單一「鳥群」就包含了至少十一億一千五百一十三萬六千隻鴿子。他也為整個視覺的美感而目眩神迷：

> 我無法向你形容當一隻鷹偶然緊隨一批鳥群的背後之際，牠們在空中演變的極致之美。瞬時間，牠們有如一波狂潮，並帶著雷電般的巨響，疾速匯聚成緊密的一群，彼此壓往隊伍的中心。在這些幾乎是實心的群體中，牠們以起伏而具有稜角的排列往前猛衝、下降，並以不可思議的迅速而橫掃地貼近地面，垂直攀升，於是顯得類似一個龐大的柱體，而且，當牠們在高處，我們可以看到在牠們在連續的行列中盤旋並曲折地飛行，這些行列當時看似一條巨蛇的盤繞。[2]

然而，當鳥群飛過，人類正荷槍以待。奧杜邦形容，在鳥經過的每個地點，人們會如何儘可能多次開槍射擊，既是為了將鳥作為食物，也是為了養肥他們飼養的豬。在市場，每隻鳥以一便士的價格出售。雖然奧杜邦擔憂人類可能使鳥絕種，但他無法相信這竟然真的會發生。在他於肯塔基州目睹那群鴿子過了一世紀之後，人們所知道的最後一隻旅鴿於一九一四年九月一日在俄亥俄州辛辛那提(Cincinnati)的一座動物園死去，當時正值人類即將在第一次世界大戰中彼此殘殺。

諷刺地，奧杜邦所畫的鳥現在已經成為這種滅絕鳥類的一個紀錄。這幅畫顯現兩隻鳥「以喙相接」(billing)，這是鳥類慣有的求愛舉動，當中的一隻鳥餵食另一隻鳥。上方的母鳥餵養顏色較鮮豔的公鳥，畢竟，一如奧杜邦指出的，「這些鳥對配偶顯現的溫柔和深情極為令人

圖六十八　奧杜邦，《旅鴿》

動容」。一個世紀以來，人們都無法實際目睹鳥的這種關係——它曾是北美洲生物的整體特色的一部分，遑論看到鳥運用的壯麗對策——大批集結成群，以嚇阻肉食性動物。就像奧杜邦所有的畫，這幅畫本身也是透過運用鳥的屍體所畫的，而不是以活生生的鳥為模特兒。奧杜邦發明了一種手法，運用鐵絲將鳥固定成他想畫的姿勢，就像你可以從下方的鳥為了展現繽紛的尾巴而顯現的不自然翅膀姿態中看到的。

他的經典著作《美國鳥類圖鑑》（*Birds of America*, 1827–38）充滿關於射殺鳥的描述，不然就是關於從他參觀的、生意興隆的鳥市場獲取死掉的鳥，這些市場從紐約分布到紐奧良。在他本身的時代，這個過程平凡無奇，但它今天似乎描繪導致絕種的某種日常殘酷劇場。雖然人現在比從前更少射殺鳥，但隨著人類增加定居地，以及氣候的改變，鳥的數量仍持續遞減。

一九六二年，科學作家瑞秋．卡森（Rachel Carson）透過她的著作《寂靜的春天》（*Silent Spring*）改變了人們了解環境的方式，這篇文字最初是在《紐約客》（*New Yorker*）雜誌發表（Carson 1962）。卡森表明，ＤＤＴ殺蟲劑正對人類以及動物造成嚴重的傷害，其中包括鳥。這本書的標題緣起於她試著想像ＤＤＴ對鳥蛋殼的損害所導致的、沒有鳥歌唱的春天。這個強有力的畫面和她令人信服的證據的結合，首先造成了對使用ＤＤＴ的限制，然後是全面禁止使用。我們可能好奇，今天住在城市雙層玻璃後面並戴著耳機的美國人，是否還會為對鳥歌唱受到的威脅有所感。

奧杜邦協會（Audubon Society）於二〇〇七年提出、由市民計算的美國最常見的二十種鳥的報告發現，自從一九六七年以來，這些常見鳥類的平均總數大幅下滑了百分之六十八；一些特有鳥類的數目更驟減了百分之八十之多。[3] 二〇一四年的一項後續研究提出：氣候改變威脅到美國二分之一的鳥種。約翰．詹姆斯．奧杜邦在十九世紀出版的書冊如今紀錄了大群滅絕的鳥類，以及更多銳減的鳥類。我們繼續活著，並看著一個異於以往、比奧杜邦的年代更空蕩蕩、更缺少鳥的歌唱的星球。

現代美

意圖捕捉新穎和日常事物的作品，現在也成為環境破壞或氣候改變的遺跡。正如自然史的圖畫意外捕捉了瀕臨滅絕的動物，描繪現代工業生活新現象的繪畫，也凸顯出氣候改變的過程，但藝術家本身則並不了解正在發生的事。從整個現代西方藝術中，都可以看藝術家的這種「雙重手法」的本領。城市已經成為大多數人的居所，而人們已經在藝術、攝影以及電影中，將城市自然化。我們可以學著重新看這些作品，藉此來看人類如何改變了世界，然後即可發展出看這個星球的方式，這可能做為部分的解決之道。然而，為此，我們必須「不看」人類如何將改變視作美。

從人類將「改變」視為「美」開始，就造成了劇烈的影響。沒有任何現代畫作比克洛德・莫內（Claude Monet）的《印象：日出》（*Impression: Sun Rising*, 1873）更廣泛地被複製並作為教材。

我無意貶損人們激賞的莫內對顏色和光的駕馭，但是想強調這幅畫作同時顯露人類對環境的破壞，並加以美化。時值工業革命的晚期，法國當時正在經歷十九世紀中期、工業使用煤炭所造成的霾。從莫內的圖畫所見的諾曼第的勒阿弗爾（Le Havre）港即以煙霧瀰漫而出名。從十九世紀起的各種法國視覺文化，像是普羅的照片、明信片和繪畫中都描繪了這種印象。莫內在勒阿弗爾長大，這裡是法國的主要港口，供給載乘客跨越大西洋的船隻，在此進出的大都是汽船。在他的畫中，可以看到傳統的划艇單獨出現在前景，背景則布滿了工業機械，像是右方稜角分明的起重機。在畫面左方的中間區塊裡，畫家清楚地描繪從三艘汽船的煙囪噴發而出的煤煙。整體上，這幅畫迸發出繽紛多彩的感官印象，而這先是為這幅作品、然後是為整個的動態命名。煤煙是黃的，也就是布滿畫面上方的那片黃色。在這幅畫所描繪的清晨時分，煙觸及藍色的晨光和日出的紅，產生出整批折射的顏色，使莫內的這幅原作如此精采。

莫內為了捕捉當下所創作、似乎自發的精心傑作其實頗為狡猾。光與煙的結合形成了一種

圖六十九　莫內《印象：日出》

或許可稱為很現代的美的形式。那些汽船幾乎和霾融為一體，於是顯得像工廠的煙囪。它們以某種方式奮力從水中掙脫出來，就像一隻近代的利維坦(Leviathan)——哲學家湯瑪斯・霍布斯(Thomas Hobbes)以這隻傳奇性的海怪作為國家的象徵。這些汽船從實際上和暗喻上都是權力的源頭。這幅畫的繪製彷彿是透過從一個不尋常的高處視點來觀看。或許莫內正從高處的一面窗戶或一艘船的索具看出去。他本身是否置身在這樣的地方並不重要。重點是：莫內為征服自然賦予了視覺的形式，將曾經令人懼怕的海洋轉變為馴化的、被人類駕馭的對象。情況彷彿是：海的作用現在是讓人觀看。

在此，以自己形象創造世界的人類看著自己的創造，並且覺得滿意。雖然和莫內同時代的人，最初對他的作品的經驗是覺得它們驚人地現代而新穎，但卻很快就感到它們安然熟悉，直到今天仍然如此。這幅畫不僅將現代工業製程對世界造成的變化變得明顯可見，而且還加以美化。美並不具有實用的目的。於是，儘管實際的煙是工業勞動的表徵，這幅畫卻凸顯出手工感。莫內想要我們了解，他的藝術不單純是工廠能做出來的複製品，而是為了有閒階級而做，並且，這些藝術也關於他們，而不是關於勞動階級。實際上，霾是一項危險的副產物。美這個現代概念將人對煤煙的顏色和氣味的感覺，轉變成持續征服自然的一個徵兆。

兩年後，莫內在小型但是密集的畫作《卸下煤炭》(*Unloading Coal*)中，徹底實現這種世界觀。一批來自法國北部礦場的煤炭駁船，從圖畫空間左下方進到中心，幾乎就像入侵到這個空間裡。煤炭本身產生自一個很費力的手工勞動形式，人們將它從駁船上搬下來，好用在這個位於巴黎市郊的工業區。觀者無法個別辨識這些工人，而這恰是因為身為個體的他們微不足道。重要的只是卸下煤炭。卸煤炭和採礦一樣，都是很吃力的差事。煤炭以我們看不到的方式，從這裡被運送到工廠，就像這幅畫背景中的那座工廠，而工廠再度噴發著煙。這些工廠生產像是鐵等用於現代橋樑的產品，人們並用手推車跨過橋來運送這些產品。人們在橋的左方即可製造出一盞煤氣燈，這是現代人類凌駕自然的顯著表徵。橋展現為某種顯然「更高」層次的生存，被製造出來的商品包圍，並且以人工光線照明。高高在橋上的那些形影，再也不是截然分明或具有個人特色的。其中一些在休息，或者觀看下屬搬運煤炭，因此你會寧可自己是他們的一分子。現代工業社會最主要的空間——製造及消費——在此被連接成一個視覺化了的系統。

就像幾年前的《印象：日出》的情形，《卸下煤炭》也是從不尋常的半空中視點構成，或許是從跨過河流、前往巴黎的火車窗戶所看到的。就像我們在第四章看到的，從火車上看到的動態影像經常被視為電影的前身。在這幅畫中，莫內則將移動的現代世界化為一幅靜止的畫面。這個停格畫面造成這幅畫的強烈動態感，並由整體的暖色調——煤煙所產生的柔和黃色調——營造出整體的一致感。空氣品質的惡化再度被視為自然、正確的，因此也是美麗的。被改變的世界現在和我們的感官如此緊密

圖七十　莫內《卸下煤炭》

地結合，它於是影響到我們的感知本身，這個世界也因而變得美麗而具有美感。

如果美是所謂有美感的東西，則在這幅畫中，藝術讓人無感於實際的具體情況。[4] 在一個煙霧瀰漫的日子，看著工人卸下煤炭或許不是使人提升的經驗，但欣賞莫內描繪這樣一番情景的畫則完全是的。就像十九世紀的藝術將暴風雨和山川描繪成美的、而不是威脅性的，莫內也改變了我們對現代城市的感知。的確，在十九世紀發明的醫學麻醉是我們所知道的、能最大幅減輕人類痛苦的東西之一，因此，人們並不總是認為感官變得遲鈍是負面的。關於這種知覺麻醉實際上如何發揮作用，一個突出的例子來自紐約。如果我們觀看喬治・衛斯理・貝洛斯（George Wesley Bellows）的經典畫作《四

圖七十一　貝洛斯《四十二個小孩》

十二個小孩》（*Forty-Two Kids*, 1907），可以看到在一個炎熱的日子，一群光著身子的兒東河裡游泳。

他們想必很窮、來自這座城市的下東區，在這裡，大批移民在很糟的處境裡群居。水是黑的，而這並不是隱喻。當時，住在紐約港附近的六百萬人所有的排泄物都直接輸送到水裡。你也會在河裡找到許多動物屍體，工業廢料更不在話下。在十九世紀，牡蠣河床在紐約猶如雨後春筍，讓牠們成為這座城市主要食物來源之一。但到了二十世紀初期，牠們已經全部死亡。

負責處理穢物的官員無法了解大眾為何沒有提出抗議，或甚至沒有意識到這些排泄物。一九一二年、貝洛斯創作了那幅畫之後五年，一位英國科學家在走訪這座港一趟之後，發表了這樣的意見：「我很驚訝，自許為世界最早的城市之一的都市竟會容許這樣可恥的事情存在。」負責處理城市穢物的官員則詫異地指出：

> 奇怪地，紐約人似乎對這座港的污染狀況漠不關心。他們最近在內港污染最嚴重的龐大區域的河岸、也就是上東河建造了最頂極而昂貴的醫院和公寓住宅，在這裡，那條散發惡臭的河流流入可憎的黑人哈林區。[5]

重點是，雖然人們或許預期了「大批卑下」的勞動階級願意活在塵埃和異味之中，但連紐約的菁英也是如此。即使到了今天，只要是產生超過半吋水位的水的暴風雨，就能將未經處理的穢物沖到紐約的河裡。游泳和衝浪的人們都知道第二天不要在當地的海灘下水。人們是如此渴望住在現代城市中，這使他們的感官麻木，或者至少無視於在水裡看到的東西和聞到的氣味。城市的畫面取代了它的具體現實，而成為一番新的現實。

這種選擇性的感受絕不只單獨出現在紐約。逾一個世紀以來，倫敦深受燃燒煤炭產生的濃厚的霾所苦。這就是所謂的「黃色濃霧」（peasoupers），而且經常被人們錯誤地說成「霧」，這股揮之不去的霾成為倫敦生活的一個特色。觀光客預期當地會有霧，而倫敦人在外地時則想念它。它變成十九世紀小說的一個角色，像是查爾斯・狄更斯（Charles Dickens）在《荒涼山莊》（*Bleak House*, 1852–3）的著名開頭中描繪的：

到處都瀰漫著霧。霧在河的上游，在翠綠的河中小島和草地之間流動；霧在河的下游，以縱列的形式在一排排的船舶和一座偉大（而且骯髒）的城市的污染水濱之間滾動。霧盤旋在艾塞克斯（Essex）郡的沼澤地上，霧籠罩著肯特（Kent）郡的高地。霧悄悄進入雙桅運煤船甲板上的廚房；霧盤踞在院子裡，並盤旋在大船的索具之間；霧下墜到駁船和甲板邊緣。霧在格林威治的年邁退休者的眼睛和喉嚨中，在他們的病房爐邊喘息；霧在惱怒的船長下午抽的煙斗的柄和小勺子中，積聚在他關閉的艙房裡；霧無情地糾纏著他在甲板上發抖的學徒男童的腳趾和手指。

情況彷彿是：霧（實際上是煤炭產生的霾）現在是所有自然界的和人類的活動背景。人們如此地將霾自然化，到了它本身甚至會被城市塵埃污染的地步。但是這使商店提早兩個小時開燈，並且使街上的煤氣燈變得黯淡。四處都瀰漫著霾，而狄更斯寫道，「在霧的深處」是衡平法院的最高法庭，這個法庭審理關於財產的案件。霧象徵了法律統治在現代生活中佔有的主導地位，它觸及我們生活的每個角落、我們周遭的每個物品。在帝國式文化的觀點，法律將「文明的」和「野蠻的」事物區隔開來，這是人類征服自然的結果。霧是那番征服的明顯副產物和象徵。《荒涼山莊》並未如此截然劃分文明和野蠻，因為作為這部小說核心的「詹狄士告詹狄士」（Jarndyce v. Jarndyce）這個永遠沒有了結的訴訟案，毀了所有和它有涉的人的生活。

恰在《荒涼山莊》出版一個世紀之後，一九五二年十二月的「大煙霧」（Great Smog，當時的名稱）在正午將倫敦籠罩在薄暮之中。照片顯現透過薄霧所看到的模糊地標建築輪廓。後來的一項研究估計，這場霧使大約一萬兩千人因為肺病及其他呼吸困難症狀惡化而喪命，人數超過九一一攻擊的傷亡人數的四倍。但是如果你查看當時的報紙、札記和其他原始資料，其中卻幾乎隻字未提。《泰晤士報》提到霧導致交通堵塞，並且只提到伯爵府（Earl's Court）市集的牲畜呼吸困難。一個世紀之後，霧和倫敦如影隨形，後來，人們並以同樣的方式將霾和洛杉磯聯想在一起（當時人們至少已經適當地稱之為「霾」）。回顧之下，「大煙霧」往往讓人聯想到一九五六年通過的《淨化空氣法案》（*Clean Air Act*），這終於終結了黃色濃霧，但並未使霾消失。事實上，是英國議會的一項私人議員提案促成《淨化空氣法案》通過，顯示出從官方的觀點來看，這並不是很迫切的嚴重問題。

奧林匹克 煤炭與鋼鐵

喬治・歐威爾（George Orwell）在對一九三〇年代經濟大蕭條的經典描繪——《至威根碼頭之路》（*The Road to Wigan Pier*）中，有著如下的描述：

人們並未充分了解到他們的文明多麼全面地奠基於煤炭，直到他們停下來想一想，才會覺悟到這一點。人們賴以為生的機器，以及製造機器的機器，全都直接或間接地仰賴著煤炭。[6]

從很多方面來說，主張人類文明今天仍仰賴煤炭是合理的，特別是如果在這一切之中加入鋼鐵。種種記錄顯示，從一九八〇年代開始的全球化起，人類更為加速地破壞環境，碳排放量尤其提高許多。儘管英國的碳排放程度如此之高，在二〇一三年，英國仍有百分之三十的能源來自煤炭，美國則有百分之三十九的電力來自煤炭。二〇一一年，目前全世界最主要的能源消耗者——中國有百分之六十九的能源來自煤炭。煤炭已經再度成為全球碳排放的單一最大源頭，超過車輛的碳排放量。世界正在改變，此時，個別衡量一個個國家的數據結果的意義不大。我們必須從整個星球的規模、以因果關係的角度來思考，而這代表我們必須重新學習如何整體地看世界。我們無法從自己的國家或區域的偏頗觀點來看，而必須集合不同的觀點，藉此來看「人類世」。或許我們仍因為現代都會生活的樂趣而感到麻木，而沒有去看這讓人在家鄉和其他地方付出了什麼樣的代價。

細察莫內的《卸下煤炭》中的動態，使我們能了解「人類世」在歐洲的形成。今天，我們需要這種觀看方式的全球版本。與其採用單一的框架，我們更應該思考將一系列這樣的框架連接成一部「影片」，讓我們能看到「人類世」的種種結構、網絡、歷史以及影響。這部影片顯現的將不會是從火車所見的景象，而更是從地面上所看到的。它最主要是沒有土地的人所看到的景象。在巴西，百分之一的人口擁有百分之四十五的土地。在全世界，百分之二十的饑民是沒有土地的糧食生產者，而根據「世界銀行」(World Bank)組織，在二〇一一年，有二十二億人每天的工資在兩元美金以下。[7] 這部影片也是從永續農田看到的樣貌、從摩天大樓的底層或圍繞全球城市的陽春住宅建築所見的景象。

永續而且公平地擁有的土地恰相對於全球城市，後者運用煤炭產生能源，並用鋼鐵來蓋建築物。煤炭和鋼鐵的製造將像是澳洲、巴西、印度以及南非等產礦國家，連接到中國和已開發世界的經濟，它們都在一個採礦、製造和最終在全球城市使用能源並進行建設所構成的網絡中。我們必須了解這個網絡，好從視覺上思考並且看這個正在改變的世界。

奧林匹克運動會於二〇〇八年在北京舉行時，西方媒體和運動界都極為關切空氣污染的影響。一些運動選手抵達北京時，臉上還戴著面罩。根據最近的估計，中國每年有七十五萬人死於污染導致的疾病。在二〇一二至二〇一三年間的冬天，六億個中國人活在一片覆蓋了一百三十萬平方公里(大約五十萬平方哩)面積的霧霾之下；從太空中都能看到這片霾，它僅偶爾散開。[8]

相對地，在二〇一二年的倫敦奧林匹克運動會的第一天，當地空氣品質也達到惡化警告的程度，卻沒有任何人提起。關於倫敦空氣品質的故事本來應該是正面的。自從一九九〇年以來，英國的碳排放量降低了大約百分之二十一，而這大多是因為減少運用煤炭。[9]但是，英國進口的商品和各種服務導致的碳排放，卻使情況變得錯綜複雜。從一九九七年到二〇〇四年，英國的進口導致的碳排放增加了百分之二十三，但後來由於金融危機，排放量隨之降低。[10]從那時起，即宣布了倫敦在二〇三〇年以前，都將達不到歐聯的空氣品質標準。西方媒體大肆報導中國的霾，卻忽略第一世界造成的污染問題。

我們能如何開始看穿迷霧？讓我們透過煤炭和鋼鐵的網絡，繼續探索這個奧林匹克運動會的類比。北京和倫敦的奧林匹克運動會都邀請頂尖藝術家來創造鋼鐵製的紀念碑，作為它們的計畫的焦點。在北京，艾未未協助設計了造型戲劇化的「鳥巢體育館」（正式名稱為「國家體育場」），安尼詩・卡普爾（Anish Kapoor）則為二〇一二年的奧運創作了一件巨大的公共雕塑藝術品，名稱是《軌道》（*Orbit*）。這座體育場以及這件雕塑都是鋼鐵做的。在中國崛起的同時，全球鋼鐵工業也大鳴大放。根據二〇一二年的數據，中國每年製造逾七億噸的鋼鐵，佔了全球製造的一半，相較之下，美國則只製造了八千八百萬噸。[11]鋼鐵製造是令人瞠目的碳排放來源。根據「經濟合作與發展組織」（Organization for Economic Co-operation and Development）：

鋼鐵的製造所產生的二氧化碳排放佔了全球的百分之五（如果納入電力、採礦和鐵合金則共佔百分之八）。鋼鐵工業是最大量的工業二氧化碳排放源（佔百分之三十）。12

於是，這些體育場周圍的霾直接關聯到鋼鐵，這也是它們和周邊的紀念碑的原料。

光是「鳥巢體育館」就用掉了十一萬噸的鋼鐵。這座體育場顯著的橢圓造形設計首先是為了支撐可縮回的屋頂。後來由於經費的關係而取消了這項設計，最後做出來的是一個很美的原創形式。這座顯得充滿穿透性的建築是由何佐格和德·梅隆（Herzog & de Meuron）這間瑞士建築公司和中國建築師李興鋼合作設計。它受到中國瓷器的啟發，並且斥資三億美金（大約

圖七十二　北京國家體育場「鳥巢體育館」

一億九千萬英鎊）。就像李興鋼所說的，「在中國，鳥巢[a]很貴，只有在特殊場合才吃得到。」

這座體育場採用了將自然作為滿足人類需求的資源的概念，並將這個概念體現為一座象徵中國進步的紀念建築。在奧運的開幕和閉幕典禮，這座由煙火所照亮的體育場確實燦爛奪目，甚至更值得注意的是中國官員在奧運期間造成的看不見的轉變。中國政府透過強制減少工業活動和禁止人們在路上開車，而為奧運創造了空氣潔淨的日子。不僅如此，科學家後來還計算出中國這次減少的排放量是整個全球目標的百分之零點二五，這個目標設定旨在將平均溫度的上升幅度維持在攝氏兩度之內。令人出乎意料的教訓是，如果其他的全球城市跟進，則實際上，即使在這個晚近的污染階段，

圖七十三　卡普爾（Kapoor）《軌道》（*Orbit*）

仍有可能遏止全球暖化。

四年後，在倫敦舉行的奧運以安尼詩・卡普爾創作的《軌道》這個特殊的鋼鐵紀念碑為表徵。在這個例子中，鋼鐵來自英國首富拉克希米・米塔爾（Lakshmi Mittal）經營的全球鋼鐵公司——阿賽洛・米塔爾（ArcelorMittal，這件雕塑現在也以此命名）。二〇一一年，他的公司收入超過九百四十億美金，而且產品出口到六十個國家。在二〇一二年的整個奧運期間，在法國東北部的一間阿賽洛・米塔爾工廠，人們針對失業問題進行激烈的抗議，這也成為法國總統選舉的一項議題。但在倫敦，這些問題卻隱而不顯，當地人們的話題大都圍繞著作為藝術作品的《軌道》。卡普爾最著稱的作品形式傾向於光滑、弧狀，有時反光很強，但《軌道》這件作品卻大異其趣，在視覺上錯縱複雜。卡普爾談到他想「做出一種處於持續移動中的東西」。[13]

從似乎是藝術家意圖要觀眾採取的觀點來看，這個長長的延伸體從左下方往右方的空間開展，干擾並打斷這件作品的流動感。從另一邊來看這件作品會更好。但儘管如此，這到底是什麼？卡普爾想為「不安定」賦予視覺的形式，而他或許做過了頭。在看起來像是歐洲停車場迷宮般的環形出口的建築體頂端，有一座觀賞平台。純粹這件作品本身就足以構成奇觀。只要你看著隔壁的奧林匹克體育場，則這件作品就能發揮效應，而這座體育館實際上比我預期的小。或者你可以看向倫敦市愈加戲劇化的天際線，包括倫佐・皮亞諾（Renzo Piano）高三〇八公尺（一千呎)的八十七層驚人摩天大樓——「碎片大廈」(Shard),它的竣工恰好趕上奧運的舉辦,頂端是一個重達五百噸的鋼鐵椎。看這座城市的另一個方式會是將它視為涉及二〇〇八年金融危機的許多醜聞的發源地,像是在倫敦銀行同業拆放利率上動手腳。然而,如果你從《軌道》看往另外一邊,則會看到倫敦東區一個尚未仕紳化的區塊——斯特拉弗德(Stratford),其中遍布著並不悅目的高樓街廓以及錯縱複雜的道路、頭頂上的電線以及鐵路軌道。

卡普爾在多項訪問中宣稱這件作品接近弗拉德米爾・塔特林(Vladimir Tatlin)的傳奇性《第三國際紀念碑》(*Monument to the Third International*)以及艾菲爾鐵塔。古斯塔夫・艾菲爾(Gustave Eiffel)的鋼鐵金字塔是為了一八八九年在巴黎的「世界博覽會」而建的,這是他們時代的大規模奇觀式的觀光活動,展示來自帝國世界各地的產物。事實上,其中許多展館甚至以人類展示的形式,呈現各館所代表的國家居民。「世界博覽會」厚顏無恥地讚頌自然的征服以及西方「文明」崛起到優越的地位。

相對地,塔特林的構成主義派螺旋塔旨在向一九一七年的俄國大革命致敬,但卻未曾興建。他一心想以這項設計(1919–20)超越艾菲爾鐵塔,以此來象徵共產主義位居上風。依據列寧的著名說法,共產主義是「電力加上蘇聯」,這也體現了高度的征服自然的決心。如果我們將卡普爾的雕塑作品想像成同時繼承了帝國以及共產主義兩者,則我們可能把這件作品視為「全球化紀念碑」。當時正值從二〇〇八年開始的金融危機經過了四年，在這個背景下，將這件作品解讀成帶有很強的不安定感頗具意義。從這個觀點來看，你可以想像《軌道》實際上看起來的樣子就是一個向內收的、結合了英鎊、美金以及歐元符號——£／$／€的造型。如此一來，則它的確是所能存在的最適切的紀念碑。

對人類世時期的視覺思考

如果能有一種新的想像方式可以應用在身處這個世界的我們，就必須有一種針對「人類世」時期的新視覺思考方式，或許甚至是一座「人類世」紀念碑（阿根廷藝術家托瑪斯・薩拉切諾〔Tomás Saraceno〕實際上正在法國土魯斯〔Toulouse〕規劃這樣一座紀念碑）。一個恰當的起點會是加拿大攝影師愛德華・柏汀斯基（Edward Burtynsky），在這二十多年來、針對他所謂的採礦造成的「人造地景」而製作的紀錄。在世界各地都可以看到這樣的地景，而且它們全然是人為造成的，它們就是「人類世」的基石。柏汀斯基在一九八五年為美國西星（Westar）能源公司露天礦場所拍的照片中，捕捉了位於斯巴伍德（Sparwood）的礦場的浩大規模。挖走煤炭所留下的同心圓痕跡使土地中央的卡車及其他設備相形之下顯得渺小，山丘也由於人類挖礦而變得赤裸裸，成一番人類造成的、新的末世景象。我們或許可以稱之為「人類世」地景。位於加拿大英屬哥倫比亞的班夫(Banff)國家公園附近的斯巴伍德是一個小型社區，除了產礦之外，僅以展示它自詡的世界最大的卡車而出名。妥善舖設的道路連接礦區和州際道路系統，於是讓人可以快速輸送煤炭。來自露天礦場的煤炭現在則用於製造鋼鐵。在二〇一四年、這幅畫面拍攝之後三十年，這個礦場預計還會再有二十九年的壽命。這些內在關聯以及網絡屬於促成「鳥巢體育館」以及《軌道》的因素，但人們仍然沒看見，這也是大多數人傾向於忽視的全球化的物質面，就像只有必須在那座礦場工作的人才會親身體驗到「人類世」地景。

這番思考的另一個關鍵部分，是顯現殖民史如何持續地左右能源的生產。藝術家山米．巴洛吉(Sammy Baloji，生於一九七八年)使我們看到剛果民主共和國的第二大城市——卡坦加(Katanga)省的盧本巴希(Lubumbashi)的殖民史，如何直接關係到這座全球城市和它的數位網絡。生於盧本巴希的巴洛吉在剛果民主共和國及法國學藝術。他廣泛在各地展出的龐大計畫——《記憶》(*Mémoire*, 2006)由多幅攝影蒙太奇作品構成，在這些畫面中，在殖民時期被拍照的非洲人及歐洲人出現在今天的礦工面前。再一次，陰霾籠罩的感覺和不安的事物重新在我們的全球當下中浮現出來。

巴洛吉以極大的規格製成的黑白和彩色底片蒙太奇在視覺上很搶眼。他的作品見證了這個地區漫長的剝削歷史。比利時殖民者從一九二〇年代開始開採卡坦加當地具有的大量銅礦，並往往實施強迫勞動，特別是在第二次世界大戰期間，當時人們對銅的需求很高。剛果獨立之後，在一九八〇年代，國有礦業公司（Gécamines）[b]同時因為礦出口和貪污而聲名大噪。當地在後來幾十年裡經歷了戰爭，巴洛吉後來拍攝的礦場照片現在已經是後工業的殘垣。坍塌的建築和（人們採掘礦砂後所遺留的）龐大長條狀堆積物創造出一番末世地景。巴洛吉描述：

> 我目前的作品（如何）直接關係到殖民的過往，是這段殖民的過去創造了卡坦加省的多座城市。這些城市建於礦脈上。後者屬於

圖七十四　巴洛吉（Baloji）《記憶》（*Mémoire*）

卡坦加的歷史。我的質問的核心在於剛果人的日常生活。[14]

二〇〇六年，剛果在「聯合國人類發展指數」（United Nations Human Development Index）中殿後，並且接近其透明指數的最低標，這指出該國的貪污嚴重。有多達五十萬人——包括許多兒童目前在這個地區以擔任礦工維生，這代表他們從地底挖掘含礦的岩石，並個別販售。對銅的需求大都來自中國，佔了全球供應的銅的百分之四十之多，用來製造像是電腦、冰箱、汽車以及鉛管設備等消費品。在美國，《多德-弗蘭克法案》（*Dodd-Frank Act*, 2010）[15]現在禁止使用所謂的「衝突的礦物」，這是指在強迫或戰爭的背景下出產的礦物。儘管有像英特爾（Intel）等公司的努力，但由於礦物市場的全球流通，我仍然難以得知自己正用來撰寫這個章節的電腦是否內含剛果的銅。

應該運用什麼技巧，才能使這樣的全球流通變得顯而易見？「冰＋媒」（Coal + Ice）這項二〇一一年的國際聯合紀實攝影展，集結了三十多位攝影師的作品，著手讓人清楚看到益增的煤炭使用量和融化的冰原之間的關聯。[16]以展覽的兩位策展人——傑羅恩．德．弗瑞斯（Jeroen de Vries）和攝影師蘇珊．梅瑟拉斯（Susan Meiselas）的說法，「冰＋媒」這場展覽「從視覺上述說人類使用煤炭所觸發的隱藏的連鎖反應。這個攝影之弧從礦坑深處移到喜馬拉雅山區的冰河——

這裡的溫室氣體正使得高海拔地帶的氣候暖化」（Coal + Ice 2010）。這批畫面的裝置請觀者細察現代性和氣候變化之間的關聯，同時並不強加簡單的答案或下定論。

詹姆斯．布拉薛爾拍的消退的冰河照片在展覽中置於強有力的、展現中國礦工勞動的紀實攝影照上方。情況並不單純。礦工社群的結合相當緊密，它們不僅產生經濟利益，也建立自尊和團結。同時，這項工作艱鉅而危險，影響範圍遍及全球。結束採礦將對氣候有利，但是會對這些人類社群有害。要由觀者自己判定如何做出適切的衡量，這需要時間。而像這樣的裝置作品讓人能在想像這些歷史和開始構想替代的方案上，進行所需的視覺思考。

我們應該發展這種視覺思考的技巧，以理

圖七十五　中國黟縣的「冰＋媒」展的裝置景觀

解人類和像是河流等目前正經歷劇烈改變的主要自然系統的交互作用。讓我們想想至關重大的密西西比河，它是美國的主要渠道，長期以來都是運輸美國資源的憑藉——從美國南方的「棉花王國」（Cotton Kingdom）年代，到今天向下游運送穀物，往北航行的儲油船也由此航行而過。它供水給許多州，而現在也愈來愈常釀成水災。一九四四年，負責聯邦水路的美國陸軍工兵團（Army Corps of Engineers）的哈洛德·費斯柯（Harold Fisk）繪製了一幅出色的地圖，呈現密西西比河的氾濫平原。

費斯柯的大比例尺巨幅地圖顯現在漫長地質學時期中形成的一組漩渦狀、彎曲和弧形的河道。這幅地圖將深度時間顯現出來。地圖上以這條河先前河道的錯縱複雜網絡中央的白色線條描繪出它在「現代」的流向。這幅成品看起來更像是一幅威廉·布雷克（William Blake）的畫作，而不是地質學圖表。歐洲人和美國人試圖改變這條河流向的這兩百年太過短暫，讓人無法以這樣的比例加以視覺化。這幅地圖讓我們了解這條河也是有生命的，它具有某種歷史和記憶，而不是毫無生氣的水流。它在同一個畫面中帶出一種比較和歷史的觀念，並說明了：將河流侷限於單一流向的一切企圖，很可能都是徒勞無功的。

相對地，工兵團在二十一世紀繪製的這條河的地圖則將它顯現為一條直線，被侷限在無法跨越的堤壩內，而這些堤壩的堅固程度僅和它們最脆弱的點一樣。當這些堤壩在二〇〇五年的

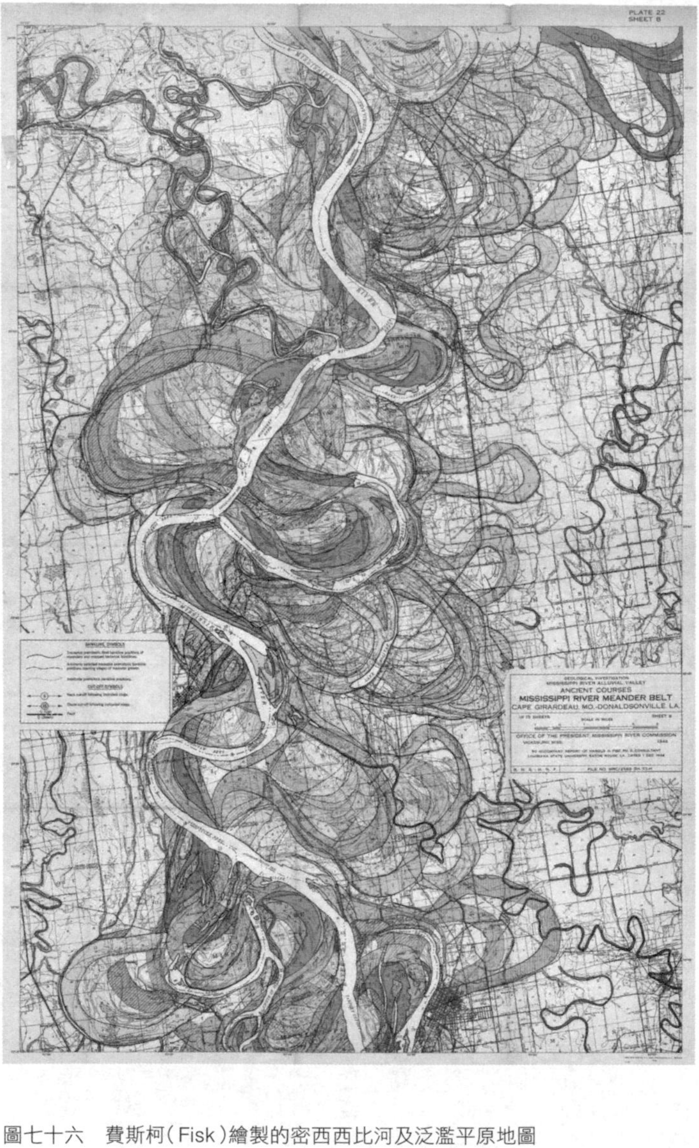

圖七十六　費斯柯（Fisk）繪製的密西西比河及泛濫平原地圖

颶風卡崔娜（Katrina）之後毀壞，紐奧良市才發現這一點，同時付出了巨大的代價。你一開始或許甚至不會看出這是一條河流的地圖。

工兵團的地圖將對自然的征服視覺化。它將費斯柯繪製的這條河的螺旋及漩渦轉變成一系列直線以及數據點。那條河並不存在。同樣的道理，工兵團也無法成功地將這條河，攔截在那些界線之內。

美國陸軍工兵團由一群軍人組成，他們不斷地征服自然，並擴大征服的規模。當工兵團談到河水時，稱之為「敵人」，並且採納人們從前為了維護城市而提出的所謂「防守」（fortress）模式，它從前幫助人們消除溼地及河口，而這些地貌則在過去提供了某種防範氾濫的天然屏障。自從颶風卡崔娜發生以來，針對修復紐奧良提出的大多數呼籲都沿襲了「防守」或者「硬性」模式。颶風珊迪（Sandy）襲擊紐約市之後（2012），人們則比較傾向於採用「順應」（resilience）這個詞，這是指防波堤和其他的屏障。另一個作法是「軟性發展」，它強調恢復溼地、沼澤、甲殼水生動物河床，以及吸收洪水或使之轉向的其他方式。它讓河能更自然地流動。若比較費斯柯的密西西比地圖和工兵團所繪製的地圖，我們可以看到工兵團如何嘗試以直線取代曲線。在一個仍然高度軍事化的社會中，「硬性」的選項在文化上和政治上都更受青睞，儘管「軟性」的選項可能更為有效。

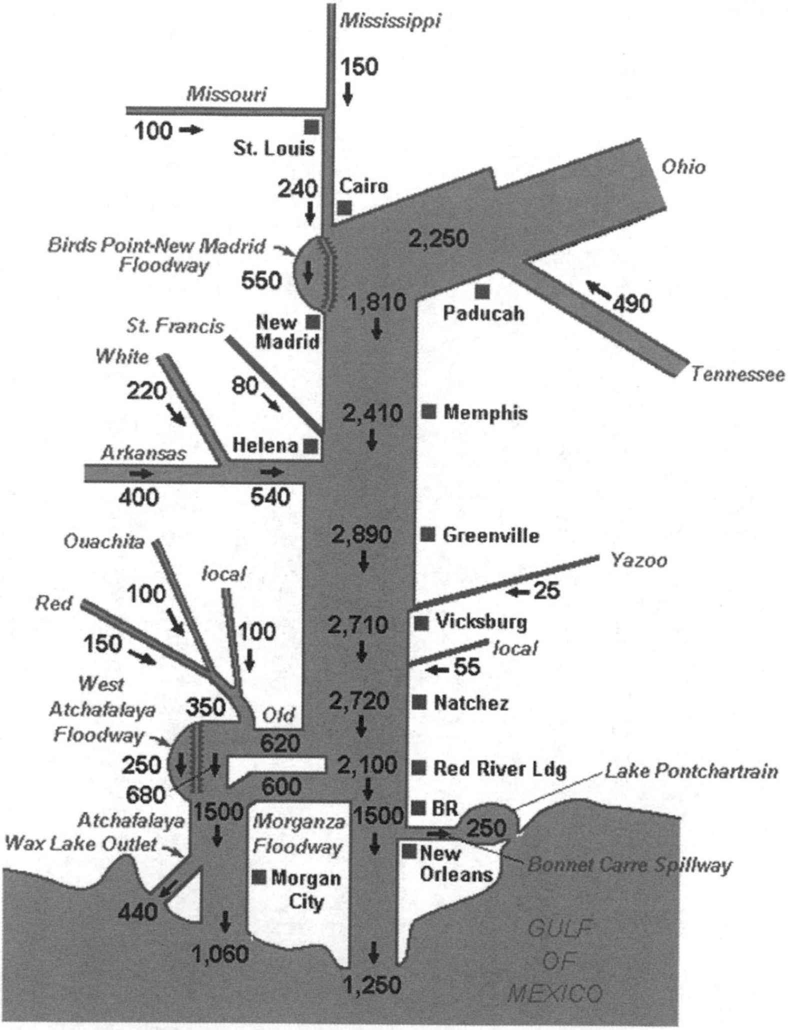

圖七十七　美國陸軍工兵團繪製的密西西比河的圖表式地圖

真正的深層問題是：我們如何看正在改變的周遭世界。我們從希臘哲人亞里斯多德（Aristotle）那裡承襲了時間和地方統一的概念，意指所描繪的東西應該是在一天以內、從一個特定的地方所見的。古人已知的、在歐洲文藝復興時期以戲劇性的效應而復興的視覺透視系統加上了這條誡令：所見的東西應該由單一的觀者從一個單一的、能明確定位的地方捕捉。我們如果要看這個正在改變的世界，將必須拋開所有這些自古以來受人崇尚的方法。我們必須跨越時間和空間來進行比較，並學著從其他人的、以及我們自己的觀點去看。

一如本章舉出的從關島到密西西比河的例子所顯示的，我們也必須改變對時間的理解。深度時間正在我們眼前改變。如果我們不考量這個世界性的局面，則我們將持續面臨到意外。已開發國家大抵都忽略關於太平洋海面上升的報告，因為它們自認為不會受到影響，但卻在二〇一一年由於日本的海嘯而大感意外，海嘯淹沒了當地防波堤，並將巨量的輻射從福島核電廠散發到大氣、太平洋和其他地區。鄧約翰（John Donne）在十七世紀的倫敦寫道：「沒有人是一座孤島」（No man is an island）。我們現在全都連在一起，而且改變的本身正在改變之中。

a・譯註：應該是指「燕窩」。

b・譯註：法文全稱為Générale des Carrières et des Mines，可譯為「礦業總公司」。

第七章
改變世界

一九九四年一月一日，當全世界的人正在新年除夕的慶祝活動後逐漸甦醒，薩帕塔民族解放軍（EZLN, Zapatista Army of National Liberation / Ejercito Zapatista de Liberacion Nacional）這支反抗軍從墨西哥恰帕斯（Chiapas）的叢林竄出，並宣告「Ya Basta!」（夠了！）。他們選在和《北美自由貿易協定》（*North American Free Trade Agreement*, NAFTA）生效的同時展開這波行動，這項協定消除了墨西哥、美國以及加拿大之間的貿易壁壘。這支薩帕塔民族解放軍是為了替當地的馬雅和其他群體創造在全球化以外的選項而創立，他們致力於非暴力、不武裝的反抗。這支解放軍在線上發布一連串的「拉坎頓叢林宣言」（Declarations from the Lacandon Jungle），巧妙地運用媒體來散播他們的「從底層、為底層」的政治概念。他們將改變媒體以及改變政治視為同一個進程的一體兩面，並且擅於製造受媒體注目的事件。他們的發言人馬科斯副司令（Subcomandante Marcos）可以說變成了一個媒體名人，出現時總是戴著滑雪面罩，並抽著煙斗。

許多人將「駭客激進主義」（hactivism）這種線上行動主義視為是薩帕塔民族解放軍發明的，這種行動主義試圖打亂政府或公司的網站運作。這樣的行動最早有個例子發生在墨西哥軍隊的殘暴入侵之後，這次入侵導致五千人流離失所。薩帕塔民族解放軍及其盟友於是在一九九九年六月十八日在墨西哥政府的網站進行了一場虛擬的靜坐抗議。由於當時的網站安全性頗為簡陋，於是人們只要運用簡單的HTML語言即可參與這場抗議。薩帕塔民族解放軍堅決主張這些行動是電子的、無暴力的公民不服從，而不是犯罪行動。他們在「第六宣言」(Sixth Declaration)中宣告了他們想像「一個有空間開放給許多世界的世界，一個既可以是單一、也可以是多元的世界」。[1]

這些手法加在一起，就成為全球化時代特有的一個新形式的「representation」，這個詞在這裡具有兩個截然分明的意義。第一，它是指我們如何透過其他的形式來描繪事件和經驗，不論是透過影片、攝影或是任何其他媒體的形式。對於薩帕塔民族解放軍來說，像是虛擬靜坐抗議等參與式的媒體事件並不只是一個宣揚訴求的形式，而更是他們希望開創的那種世界的例子。隨著全球數位文化的散播，這種參與式的媒體手法如今比在一九九四年更為普及，了解這種手法的群眾為數也更眾多。第二，它是指政府的代議制度，其中，人民選出或指派特定的個人來代表其他人的利益。然而，這些代表一旦在位，他們在決定如何行動上具有很大的自由。薩帕塔民族解放軍想要以從前所謂的「直接民主」來賦予人民自治的權力。雖然全世界的人都深受他們的啟發，但他們只有在恰帕斯才能持續帶來改變。實際上，他們運用數位媒體的參與式民主概念更適合於新的全球城市。透過這個呈現／代表的雙重概念來運作——這是全球化時代所需的新視覺思考的第二項要素。

叛亂的城市

全世界的全球城市——從開羅到伊斯坦堡、從紐約到馬德里——此後確實變成了抗議的地方，人們要求著學者大衛・哈維（David Harvey）所謂的「城市權」（2013）。就是在這裡，佔多數的年輕、都會、聯網的人們正在質疑呈現／代表這兩個形式。二〇〇一年，阿根廷的抗議分子用「他們不代表我們」這個口號，推翻了五個以上的政府。[2] 他們的籲求使得關於這批新興的全球多數人是否能同時在政治上代表並從視覺上呈現他們本身、或者全球化產生的顯著寡頭政治是否將繼續下去的問題浮上檯面。

呈現／代表的雙重問題首先在阿根廷從農村地區躍入全球城市。阿根廷的軍事獨裁在一九八三年瓦解之後，該國向國際貨幣基金組織（International Monetary Fund, IMF）借了巨額的貸款。在一九九〇年代，國際貨幣基金組織迫使該國厲行簡樸的統治方式。但甚至連這些措施都失敗了，政府於是在二〇〇一年十一月非法挪用人民的私有錢財，用於償還國際債務。這導致人民無法從提款機領錢。金融秩序蕩然無存。二〇〇一年十二月十九至二十日，布宜諾斯艾利斯的人民自發地反叛，全國的其他人民也跟進。布宜諾斯艾利斯是一座大約有一千三百萬人的城市，面積廣達大約兩百平方公里（八十平方哩）。在一個月之內，這座城市的人民迫使當時的政府以及後來的四個新政府下台（Sitrin 2006），打開了藉由將全球城市變成叛亂城市來改變世界的新嘗試的先河。這批新興多數人找到了一個呼籲改變的方式。從「夠了！」這個怒不可抑的呼求引發出「Que se vayan todos!」（全給我滾！）因為他們不代表我們。而這代表「我們」必須自己來做。

社群媒體及其他基於網路的平台促使從拉丁美洲開始的爭取自我代表的運動散播到全世界，並以「阿拉伯之春」和接著在二〇一一年發生的全球性「佔領」（Occupy）運動而獲得全世界的注目。這些運動試圖找尋新的代表人民的方式，而這些人民同時以個體和「人民」的身分參與其中。運用社群媒體以及政治行動的這些人民首先要求有一個名稱，不論是在西班牙的憤怒者（indignados）、在美國的「百分之九十九」，或者在突尼西亞和埃及，單純就稱為「人民」。他們接著找尋空間：在埃及的解放廣場（Tahrir Square）、馬德里的太陽門（Puerta del Sol）、紐約的祖柯蒂公園（Zuccotti Park）。從這些地方，這些運動並不要求代表，而是分別作為（be）憤怒者、百分之九十九，或者人民。他們主張自己擁有在網路上以及都市空間裡去看和被看到的權利。這種新的自我代表運用了智慧型手機、塗鴉、網站、社群媒體、示威運動以及佔領。

在埃及的廣場上的人們要求作為埃及人、而非代表埃及。這番呼聲如此高漲，於是導致了領導者垮台，政體也改變了。在一段時期裡，情況似乎是「阿拉伯之春」和其他的運動真的可能改變世界。然而，叛亂的城市在從前很少主導整個國家，因此國家領袖往往能策略性地運用國營的媒體，而重申他們作為整體人民的真正代表。而今這波對城市權的要求已經消退，我們可以加以回顧、並察看它如何改變了從北非到北美的視覺文化。這些運動最先使用全球社群媒體，來試著創造關於呈現／代表和社會變革的視覺思考，那麼，這能把我們帶到哪裡去呢？

二〇一一年和之後：北美洲

如果就如我們在第一章看到的：視覺文化是一種表演，則「阿拉伯之春」是以一項戲劇性的開場演出揭開序幕。在突尼西亞，有一個人變成了國家壓迫的下場的代表。塔瑞克．埃爾-塔耶．穆罕默德．布瓦吉吉（Tarek al-Tayeb Mohamed Bouazizi）這個水果販因警察干預他的工作及為了抗議政體起而反抗卻遭受挫敗，於是在二〇一〇年十二月十七日戲劇性地自焚。而一九六〇年代已經出現過這樣的自焚，當時發生在反對越戰和蘇聯佔領東歐的部分抗議者身上。布瓦吉吉住在一座名叫西迪．包席德（Sidi Bouzid）的小鎮，靠近一座在二〇〇八年被抗議者佔領了半年的煤礦小鎮。

在布瓦吉吉自焚的一年前，在距離西迪．包席德鎮兩百公里的莫納斯提爾（Monastir）市，一個賣甜甜圈的年輕人也受夠了警察限制他的販賣行動，於是在一座公家建築物前引火自焚。一切都無聲無息。一年之後，布瓦吉吉重覆那番自焚的舉動，不論他是否刻意模仿前人，而這次卻讓突尼西亞經歷了一場革命。他的行動為何引起大眾共鳴、而先前的自焚卻沒有引起這番效應？其間的差別很簡單：這是由於臉書和其他形式的同儕交流所傳播的消息。臉書並未導致這場革命，但它讓人能夠散播資訊。因為氣候變化帶來乾旱、導致食物價格上漲，加上置身在一個政治腐敗、大量人口失業以及遍地動盪的環境中，人民於是已經準備好採取行動。

政府當局要求人民「不看」這場危機，而社群媒體則讓人能夠跨越這個侷限。人民在獲得相關資訊之後，還必須採取行動，才能產生社會改革。布瓦吉吉喪生之後，卡塔爾（Qatari）國的衛星新聞頻道——「半島」（al-Jazeera）電視台大量報導了進一步的抗議行動。當這些新形式的呈現交互影響，布瓦吉吉的自殺遂帶動了一個過程，人們於是斷定已經忍無可忍、國家政權並不代表他們，因此他們必須接管自己的國家。

在這場二〇一一年的革命期間，來自法國、自稱為JR的「藝術行動主義者」（artivist）了解到突尼西亞的視覺文化正在轉型。過去四十年來，在突尼西亞唯一能公開看到的人物照只有突尼西亞前任獨裁者札恩・阿爾-阿比丁・班・阿里（Zine al-Abidine Ben Ali）的肖像。JR籌劃了一場對突尼西亞的「顛覆」（inside out）呈現，將先前沒被看到的人納入公共空間，意圖將不看轉化為看。他和突尼西亞的部落客合作，並且只和當地的人及攝影師配合，目的是創造一系列一百幅的人像照，而這些人都曾參與革命。他將照片印成九十乘以一百二十公分的海報，並在突尼西亞的四座城市到處張貼，其中的驚人例子包括貼在前祕密警察軍需部，和班阿里住過的宅邸之一的外牆。

JR的這個計畫名稱是「藝術統治」(artocracy)，意指以藝術來統治。然而，這個開放給所有人的計畫在突尼西亞卻遭到強烈的批評，人們反覆詢問：「為什麼只有一百個？」因為一般都認為這場革命是人民、並非一小群英雄的作為。JR的海報並未——而且或許無法——充分呈現／代表這場革命。沒有人想要以一百人的藝術統治來取代一人統治的專制政治，這即使作為一個笑話都難以成立。JR的視覺思考仍不夠尖刻。

二〇一一年和之後的埃及起義或許是人們為了重新創造呈現方式、並轉化視覺思考所做的最驚人之舉。埃及城市的年輕人在面臨北非乾旱所導致的嚴重糧食危機之下揭竿起義，而這場糧食危機必然涉及氣候變化。就如氣候與安全中心(Center for Climate Security)指出的，氣候變化雖然並未「導致」這些事件，但是它們「帶來的後果使局勢更加緊張，足以激起一批一觸即發、各種底層原因的融合，並接著爆發成革命」。[3]社群媒體網絡連結也是一個根本因素，而在開羅和亞歷山大港的都會人口密度亦然，其中的居民數量逾一千萬人。埃及的人口中，就有整整百分之七十的人年齡低於三十歲，而在革命期間，官方統計的年輕人失業率在百分之二十五以上。所有這些元素結合之下，產生了埃及革命。更恰當的說法會是：「埃及」在解放廣場被再造，而且持續被重新界定和重新呈現，直到軍方加以遏止。

臉書雖然是一個全球性的大公司，但它在二〇一一年的埃及起義中則是一項關鍵工具。這次起義始於二〇一一年、在「我們都是卡利・薩伊德」（We Are All Khaled Said）這個臉書粉絲頁上的四十萬個「讚」。卡利・薩伊德是一個部落客，在二〇一〇年被埃及警方逮捕並凌遲致死。他的臉書粉絲頁上的虛擬集團藉由突顯出一個實際存在的非主流社會群體，而部分地促成了二〇一一年一月的多次大規模示威。之前的三十多年來，胡思尼・穆巴拉克（Hosni Mubarak）的獨裁專制向來都能防止任何這樣的示威運動在實體空間中發生。人們這時也用臉書來傳達消息和行動的日期。在臉書上，將大規模行動的日期訂於二〇一一年一月二十五日，人們同時在街頭和透過推特來散播這項籲求。超過九萬人在這個臉書粉絲頁上按「讚」。由於社群媒體以前所未見的方式促發了這波運動，共有數十萬人實際走上街頭。從活動籌辦者到警察以及外界，所有的人都對這個數量龐大的結果大吃一驚。政體再也不代表人民。

一月二十八日的一場街頭之戰使解放廣場對這批重新組成的人民開放。這或許是我們可能目擊到、最類似十九世紀革命的一場革命。其中的差別在於：人們透過網路以及半島電視台頻道的直播看到這場革命，這個頻道對「阿拉伯之春」的報導讓獨裁者對自己的國家和整個世界正在發生的事無法再輕描淡寫過去。決定示威者是否會接管解放廣場的卡斯爾・阿爾-尼爾橋（Kasr Al Nil Bridge）之役則是一場真槍實彈的猛烈戰鬥。儘管如此，或許因為全世界透過直播看到它，因此埃及警察並未當場開火，而軍方顯然並未干預。異於一場軍事戰鬥可能的情形，這並不純粹是一場權力的競爭，而是爭奪由誰支配公共空間的戰鬥：是由一般百姓、還是公共秩序的權威？二〇一一年一月二十九日之後，在獨裁統治的三十年以來，人民首次能夠建立屬於自己的秩序。

解放廣場不太可能作為解放的空間，畢竟介於一群群政府機關建築物之間的它呈不規則狀，而且通常是一個塞車的路口。它的建立是由於英國殖民政府想要在行政大樓前面設有清楚的開火線，就像我們在十九世紀的巴黎看到的（第五章）。解放廣場變成從底層主動反抗獨裁的空間，也是提供抗議者醫療服務、糧食以及透過網路的媒體「播送」的地方。如此一來，這座廣場本身即變成某種科技。它開創了政治行動本身的可能性，並為公共空間的概念賦予新的意義。簡言之，它既是新形式的視覺呈現，也訴求政治上的代表，這些事物在新的空間經驗中交錯。可以說這座廣場變成了一個投影機，將這些新觀念疊加在舊的解放廣場上，而祕密警察以及穆巴拉克的國家民主黨（National Democratic Party）的總部都設在這裡。

人們從這場革命初期就將它精簡成這個口號：「人民要政權垮台」。在這個句子中，形成了某種自我形象，而這個地方的人民之前從來不具有自我的形象。在十八世紀，哲學家尚-賈克·盧梭(Jean-Jacques Rousseau)描述了他所謂的「公意」(general will)，意指公眾意見的影響和力量。[4]這在埃及被壓抑了三十年。在這十八個極不尋常的日子當中，形成了一種新的公意，並且由電視現場捕捉和播送。這個意志的主體——人民迫使獨裁者投降，畢竟，很顯然是他們、而不是單一獨裁者代表了埃及。

在佔領解放廣場之後，埃及的社會運動造成新形式的視覺思考，包括「街頭藝術」、塗鴉以及錄像藝術團體。對埃及人來說，塗鴉是嶄新的東西，因為獨裁政權握有對公共空間的完全支配。塗鴉是重新要求把公共空間開放作為討論場所的一個方式。它可以觸及可能沒有看主流媒體、更不用說上藝廊的人們，而根據聯合國兒童基金會紀錄，這個國家有百分之二十六的成年人口不識字，其中女性佔了懸殊的極高比例。[5]基於此，直到西西(Sisi)將軍在二〇一三年六月領導的政變之前，開羅和亞歷山大港很蓬勃的塗鴉都足以促動政治辯論，並使人們意識到新的可能。穆巴拉克的內政部曾在像是開羅的馬哈茂德(Mahmoud)街等特殊空間策動警察恐怖統治，這些地方後來變成這番視覺討論的主要地點。政變之後，提出了反對「隨處塗鴉」的法令，現在已經實施。

自稱為甘齊爾（Ganzeer這個阿拉伯字是指「單車鍊條」）的年輕塗鴉藝術家穆罕默德・法米（Mohamed Fahmy）將自己說成是「偶發藝術家」。換言之，他的作品以任何可能適當的方式回應當時的需要。是從「參與處理觀者的切身抗爭和關切的藝術」這個意義上，他將這個思考成參與式藝術。這種藝術和它的觀眾一起思考，而不是為他們而思考。他雖然接受革命本身已經失敗——至少目前是如此，但「這並不代表這場革命的影響不應該被帶進藝術和文化中」。[6] 他在革命期間的第一件作品包含獻給被警察殺害的一名十六歲抗議者的一面塗鴉紀念碑，以及一本許多人普遍使用的PDF冊子，內容是關於如何進行抗議。他後來描述自己撰寫這份講義的動機來自他看到示威者無法因應警察的戰略。[7] 這份冊子提供關於如何籌組的特定想法，並且提出這樣的建言：影印比網路發文更安全，因為後者會被當局緝查。穆巴拉克垮台之後，甘齊爾為自己立下了一個馬拉松式的計畫：創作在革命中喪生的所有八百四十七個人的街頭肖像，這些人被稱為「烈士」。在他於二〇一四年離開這個國家時，他只完成了這些肖像中的三幅，從這個情況看起來，他很可能難以完成這部烈士傳。

在二〇一一年治理埃及的最高軍事委員會（Supreme Council of the Armed Forces）堅持將這三座紀念碑重新油漆。甘齊爾以一件作品來回應，其中顯現一台龐大、實物大小的軍用坦克車逼近一個騎單車的人，這個人拿著一個托盤的麵包。這個人的形體在機器面前益形渺小。由於阿

圖七十八　甘齊爾《坦克與麵包》(Tank and Bread),開羅

拉伯文的「麵包」也指「生活」,這件塗鴉作品於是暗示了軍方統治和自由的生活相對立。在圖七十八顯示的照片中,也可以看到在右方遠處、薩德.潘達(Sad Panda)的代表性作品在某種程度上和齊爾的作品相輔相成,還有海報和其他的塗鴉。牆壁成為一個視覺對話的地方。

二〇一一年五月,一群行動主義者為了恢復這些紀念碑,而舉行了「瘋狂塗鴉週末」(Mad Graffiti Weekend)。甘齊爾發送叫作「自由面具」(The Freedom Mask)的貼紙,上面顯現一個戴著面具的頭、嘴巴被堵住,並註明:「最高軍事委員會問候親愛的人民。現在於市場上無限期供應」。他由於做了這番嘲諷而遭到逮捕,但他在推特上發表他的處境之後,許多人湧至警察局,於是他被無罪釋放。

二〇一二年十月，甘齊爾在開羅的撒法爾康（Safarkhan）藝廊舉行了一場正式的展覽，名稱為「病毒散播中」（The Virus Is Spreading）。[8]這項創作探索自由、性別認同、審查制度以及伊斯蘭的問題。展出作品包括一個戲劇性的影像，呈現一個眼睛被蒙住的男子將自己的嘴巴縫起來。一隻失去一隻眼睛的受傷的貓覆蓋著繃帶，這是更新版的埃及象徵。這場展覽遍布在七個樓層，並在牆上繪有優美的墨跡，這是仿照在開羅各地都能看到的塗鴉。在這些塗繪之中，一個例子來自二〇一三年初、登在一個部落格上的文字：「噢愚笨的政權，了解我的要求：自由、自由」。像是薩德．潘達等其他塗鴉藝術家也參與展出。不久後，伊斯蘭教徒就把這場展覽斥為異端。甘齊爾發表了一封公開信來回應：

> 你是否知道曾有任何一個自由主義團體阻止建造清真寺？一個自由主義者何曾因為一場藝術展是伊斯蘭的而加以批評——而且甚至企圖懲罰參展的人？[9]

他的訴求是：不曾有自由派的埃及人試圖阻止伊斯蘭團體實行他們的生活方式，但反之卻不然。為了回應審查制度的這種高壓威脅，甘齊爾和像是凱澤爾（Keizer）及薩德．潘達等街頭藝術家伙伴將他們的作品在網路上存檔（網址為Cairostreetart.com），以Google地圖混搭程式來指出作品在何時及何處發表。使用者受邀在Twitpic和Flickr上為聯結按「讚」，但不在臉書上，後者當時受到極度嚴密的監控。Cairostreetart.com這個網站在二〇一四年被撤除，想必是新的軍事政權的特工或不想惹禍上身的人所為。[10] 二〇一四年四月，別名為「芬蘭班克斯」(Banksy)[a]的街頭藝術家森普薩(Sampsa)向一位記者透露：

> 在埃及，警察現在每個星期都拜訪這些街頭藝術家之中的某些人。這些藝術家正受到追緝，不僅透過社群媒體，也從實體上……於是他們正試著尋找更多顛覆的方式。數以千計的人已經被抓到並且被關進牢裡。[11]

其他人最後落入在尼羅河淹死的下場。甘齊爾本身被指控為穆斯林兄弟會(Muslim Brotherhood)而採取行動主義之後，不得不在二〇一四年五月離開埃及，而該國目前正在經歷一波新的鎮壓，在其中，社群媒體受到嚴密監控。畢竟，線上的反對派檔案庫是創造新的聯合方式的一項關鍵策略。一個重要的例子是非營利媒體組織——莫希里(Mosireen)。以莫希里本身的說法，該組織：

是由於這場革命期間、公民媒體以及文化行動主義在埃及的迸發而創立。數千個公民以手機和攝影機自我武裝，藉由錄下眼前發生的事件、突擊審查制度並讓人從立足街頭的觀點發聲，而維繫他們的國家真相的平衡。[12]

二〇一一年一月，正當起義的波濤洶湧之際，莫希里是YouTube上、全世界點閱率最高的非營利視頻。他們以紀錄的和媒體的行動主義為活動的核心，這是指在面對國內審查制度和國際的漠視之下、運用影片向世界顯現正在埃及發生的事。他們透過在二〇一三年已經收集到的十兆位元的影片來保存這場革命的檔案。莫希里頻繁地主持關於媒體技巧的公開工作坊，參與者視自己的能力付費。他們在戶外舉辦其影片的放映會，而不受制於網路連線的需求。在佔領解放廣場期間，他們甚至創立了解放電影院（Tahrir Cinema），投映影片給佔領者觀賞。

影片是莫希里組織實踐的核心。他們基於技巧和勇氣拍攝了來自革命深處的這些精采影片，而且往往以出色的方式剪接和構成。他們在事件發生後幾天內就將所拍的影片公布在網路上，而在幾小時之後，即公布具有英文字幕的第二個版本。二〇一一年一月革命的那些影片構成來自一場全民參與的起義內部的精彩紀錄，以抗議之際於開羅街頭拍攝的影片片段剪輯而成，其中沒有實況報導或口述。相對於許多西方媒體報導，在此，女人參與了所有的行動。參與者本身的言論提供了細節。像是《革命烈士》(*Martyrs of the Revolution*, 2011)這樣的一部影片可能以其畫面的衝擊使西方觀眾感到震驚。[13]片中可以看到憲兵隊的車輛快速地輾過街上的抗議者;一名士兵將一個抗議者的軀體放在垃圾堆裡。影片並呈現橡膠子彈導致的傷、警棍和現場的彈藥。攝影機就位在群眾之間,因此導演們自己也置身在和其他參與者相同的險境裡。一段影片顯現一個年輕人準備塗鴉工具,另一段影片顯現一個女人宣告在解放廣場上的每個人現在都是她的兒子阿邁德(Ahmed)——他在抗議之中被殺害;還有另一段影片呈現一個手無寸鐵的年輕人獨自一人,被當局人員所射殺。最後,影片以三欄的名單呈現被殺害者的名字,花了兩分多鐘播放。

莫希里在革命期間拍攝的影片中,最純熟的或許是二〇一二年一月拍攝的《人民要求政權垮台》(*The People Demand the Fall of the Regime*),影片標題援引自解放廣場運動代表性的歌詞。[14]影片剪輯了開羅的日常生活即景和抗議前的準備畫面,以一大批群眾高唱影片標題的句子達到高潮。本片的配樂是華格納優美而縈繞不去的著名樂作——《萊茵的黃金》(*Das Rheingold*)這部歌劇的開場曲。畫面呈現一個女人輕輕抱著一個新生兒,一個歌手譜出一首曲子,還有人群在一台公共的電視前歡慶。但這並不是對革命的浪漫觀點。再一次,影片讓觀者直接看到穆巴拉克政權在亟欲掌握權力之下所施加的野蠻武力。影片的最後一個鏡頭呈現仍然懾人的、被佔領的解放廣場景象，中間聚集了一批帳篷，其中提供食物和醫療服務，周邊圍繞著許多人，人群延伸到目光所能及的最遠處。

在二〇一三年，《茉莉之春》(*The Sugare*)[b]這部影片被提名奧斯卡最佳紀錄片，它以多采多姿的方式讓人一窺埃及革命中的五位行動主義者的日常生活，包括莫希里的幾位主辦人。這個團體的成員之間對於策略和基本原則都抱持很分歧的看法，但他們發現彼此之所以聯合在一起，首先是因為他們都反抗獨裁專制，然後也反抗隨之而來的政權。這部影片跟隨他們從認為推翻獨裁者穆巴拉克會造成一場革命本身、轉變成領悟到這個過程可能很漫長，而他們的任務是對抗從任何角度都絲毫未能代表人民的每一個和任何的政權。我們看到年輕人受

As long as there's a camera,
the revolution will continue.

圖七十九　《茉莉之春》紀錄片畫面

訓練使用攝影機並拍攝影片。在某一刻，阿梅德這位年輕的街頭籌辦者思考這兩個形式的呈現／代表之間的關係。「只要有攝影機，革命就會繼續」，阿梅德提出。這是指，只要人民能看到大家在做的事，他們就會繼續要求一個真正代表他們的政權。阿梅德認為推翻穆斯林兄弟會，以及西西將軍和軍隊的繼而掌權只是這個過程中的另外兩個階段。雖然外界看起來，他可能過於樂觀，唯有時間會證明。

二〇一一年的北非起義結合了社群媒體以及街頭抗議和線上資料存檔，而創造一個新形式的視覺文化行動主義。在像突尼西亞和埃及這樣受到高度審查的社會中，有機會公開描繪自己和他人、遑論表達政治意見，這些都和過去數十年的經驗背道而馳。經過這種行動主義導致的視覺思考帶來了希望、使革命成為可能，並且有助於推進這些革命。這並不是指應該將阿拉伯之春謂為一連串的臉書革命。但這確實是經歷氣候變化造成的糧食短缺的一批會上網的年輕人運用線上的和離線的視覺行動主義的例子，這種行動主義也是他們都會起義的一個關鍵要素。

二〇一一年：佔領華爾街

這番視覺行動主義和視覺思考在紐約獲得熱烈的迴響，這或許並不令人意外，畢竟紐約是專業媒體以及想朝媒體製作發展的人的重鎮。二〇一一年七月，加拿大雜誌《廣告剋星》（*Adbusters*）發出了「佔領華爾街」的呼籲。《廣告剋星》起初是將廣告改造成其他用途的非營利運動，他們請技巧嫻熟的設計師來創造他們意圖傳達的不同意義。這種大眾媒體諷刺手法以「文化干擾」（culture jamming）為人所知，意圖引發觀者質疑自己所看到的事物。

其中一個知名的例子是這個假廣告（圖八十），畫面顯現麥當勞的金黃色弧形商標出現在醫院急診室裡的心電圖偵測儀上。《廣告剋星》在畫面底下註明「大麥克漢堡發作！」（Big Mac Attack!）的圖說，提醒我們由於漢堡含有的所有脂肪和鹽，吃速食很可能令人心臟病發作。二〇一一年七月十三日，《廣告剋星》在它的部落

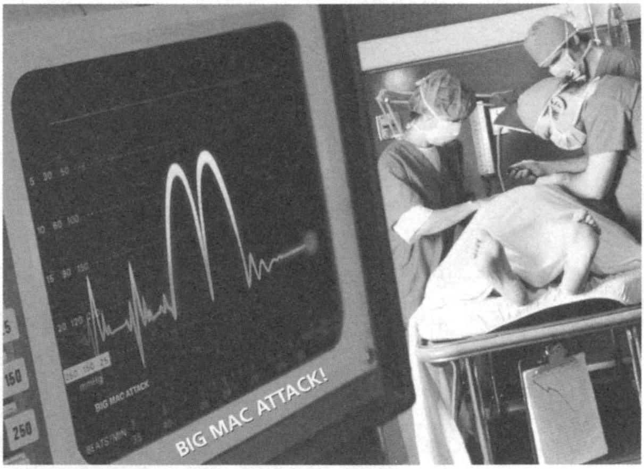

圖八十　《廣告剋星》，「大麥克漢堡發作」

格上發布了這個呼籲：

在九月十七日，我們想要看到兩萬人湧入曼哈頓下城，搭起帳篷、廚房、和平的論壇區域，佔領華爾街幾個月。一旦我們就定位，就應該聯合各種不同的聲音來不停重覆一項單純的要求。埃及解放廣場的成功有一大部分是因為埃及人反覆提出一項直截了當的最後通牒——穆巴拉克非下台不可，一直到他們獲勝為止。依循這個模式，則我們同樣簡明的要求是什麼？[15]

經過六個星期的籌組之後，在九月十七日，大約兩千人聚集在華爾街附近，很少人知道的半公開、半私人的祖科蒂公園。

「佔領華爾街」（Occupy Wall Street, OWS）幾乎立刻偏離了《廣告剋星》的計畫。後者原先希望街頭抗議者能佔領華爾街本身，這是全世界最多警力管制的街道之一。紐約的籌辦者雖然了解這個想法，卻計畫在靠近華爾街的地方紮營，而不是在那條街上。「佔領華爾街」也不想要像《廣告剋星》所提議的、強烈提出單一的要求，因為它不想自許為代表者。然而，「佔領華爾街」的每個想法——以及許多其他想法——卻變成人們標語上的口號。「佔領華爾街」基於這是一項自發的自我治理運動的立場，而拒絕做出要求。異於解放廣場的情形——那裡的運動自許作為埃及，「佔領華爾街」則宣布紐約市被「佔領」兩個月（二〇一一年九月十七日至十一月十三日）。這並不是一次軍事佔領，而是由平常在華爾街上被忽視的人接管城市，像是年輕人、失業者以及無家可歸的人。

「佔領華爾街」似乎提供給這樣的人一個地方和發聲的管道，特別是在金融全球化之下變得不存在的人們。這個組織集體上並未要求作為或代表所有的人，而是那百分之九十九的人。剩下的百分之一是經濟學者裘瑟夫・史迪格里茲（Joseph Stiglitz）所界定的那群最富裕的人：

圖八十一　《廣告剋星》「佔領華爾街」

美國人最頂端百分之一的人現在正佔有將近全國年收入的四分之一。從財富、而不是收入而言，最頂端百分之一的人掌控了百分之四十的人……二十五年前，相應的數字則是百分之十二和百分之三十三。16

從「佔領華爾街」的觀點，那百分之一的人繼續獲利，儘管他們造成的衰退先是使全球經濟崩盤，然後他們卻在釀成災禍之後全身而退。行動主義者在祖科蒂公園的討論結論是：如果最富有的是那百分之一的人，則所有其他的人就是那百分之九十九的人（Graeber 2013）。或許「佔領」運動最重大的影響是將關於不平等的討論再度帶進主流美國文化中，儘管人們並未努力改變這樣的財富分野。

人們成立了一個叫作「我們就是那百分之九十九的人（WeAreThe99%）」的Tumblr，讓人在上面訴說自己的故事，並且呈現自己。Tumblr是一個容易使用的部落格網站，使用者不需要具有自己的網站或主機。它最常見的用途是被年輕人當成某種數位剪貼簿。

「我們就是那百分之九十九的人」是一個有創意而且深具情緒感染力的視覺思考形式，它一開始吸引的是年輕人，後來則變得廣為人知。人們在上面發布自己的照片，顯現他們手持文字標語、描述他們的處境，這是我們在第一章看到的「自拍」的政治化形式。這些人往往聚焦於自

圖八十二 「我們就是那百分之九十九的人」(WeAreThe99%)的Tumblr畫面

圖八十三 「佔領華爾街」標語

己如何嘗試依照遊戲規則來玩遊戲，但無論如何、最後都落入財務破產。其中，學生債務是一個重要的議題，而失業、解僱、降額、「刪減」津貼、外包、退休金減少也是——它們包含日常財務規劃的所有詞彙。因為這些故事被濃縮成單一的影像，其中只呈現可以納入單一紙片的文字，因而更為強有力而動人。

Tumblr的代表性物件——手寫標語轉移到實際的「佔領」據點。用簽字筆在瓦楞紙板上寫成的這種標語傳達出專業籌劃的抗議中常見的、大量製造的標語所沒有的真實力道。其中許多標語單純是自發產生的，背後有妥善組織的運動的那種罐頭口號往往達不到這般幽默、諷刺以及洞察。

圖八十三的標語表達出這個意思：創造另一種自主的社會將是一個混亂的過程，而且會有一個過渡期。而且那會很有趣。

不論抗議者是否有發覺到，英國藝術家吉莉安・韋英（Gillian Wearing）先前已經將這項策略用在她的概念藝術計畫「說出你的心聲」（Signs that Say What You Want Them to Say and Not Signs that Say What Someone Else Wants You to Say, 1992-3）。韋英給人們一張紙和一支馬克筆，讓他們任意寫下想寫的東西，然後為他們拍照。

來自一系列總共大約六百幅照片中的一個標語上寫著：「我簽了字，但他們什麼都不會給我」，這是指要求失業津貼遭到拒絕。當我們看到拍攝地點在一個地鐵車站、他背後的帆布背包及旁邊的啤酒罐，會認為這個標語的作者似乎無家可歸。情況可能並非如此，但是當我們在一間藝廊看到這些畫面，我們則無法弄清楚為何他的要求遭到拒絕，或者這個人在做什麼等問題。我們甚至不知道他的名字。這或許部分地說明了為什麼甘齊爾說：當代藝術對埃及革命沒有用。

相對地，「佔領華爾街」的標語總是邀請人們展開對話。許多人會在祖科蒂公園面對百老匯的那一側手持標語，恰是為了和路人展開對話。受歡迎的標語會贏得經過的公車鳴喇叭，或觀光公車上的乘客揮手。其他標語則引發熱烈的辯論。

在佔領者之中最受歡迎的標語就是：「一團爛屎、鬼扯」(Shit Is Fucked Up and Bullshit)。這個標語以污穢和幽默的方式概括整個「我們就是那百分之九十九的人」的Tumblr，而實際上也總括了整個運動。它直率地聲明人們在經濟衰退期的日常生活經驗狀態如何往往是主流媒體永遠不會呈現的。它的措詞方式在線上、尤其在推特上更為普及。媒體學者麥肯齊・瓦克(McKenzie Wark)以及哲學家賽門・柯瑞奇里(Simon Critchley)都用這個口號作為他們關於「佔領華爾街」的文章標題。這個代表性標語的匿名創作者顯然具有藝術技巧。標語是以在畫框上撐開的畫布構成，就像一幅畫，而且藝術家的筆跡依照平面設計的規則。許多專業藝術家和「佔領

圖八十四　「佔領華爾街」標語

華爾街」往來，他們以像是「藝術與勞動」(Arts and Labor)等名稱組成工作團隊。這些標語並未在藝廊展出，就像韋英的獲獎作品一樣，但觀眾卻是可能甚至不曾注意到藝廊空間的人。那是重新要求某種呈現並加以重新想像，它堅稱：這裡有東西要看。

為社會運動在此噴漆

起初，「佔領華爾街」的影響力很有限。情況證明了，使佔領行動突然迅速擴展的關鍵是在社群媒體上傳播照片和影片，並呈現警察的暴力。一個耐人尋味的模因(meme，指被許多人複製而且廣為流傳的視覺畫面)呈現警察向女性噴灑胡椒噴霧，這此後在三大洲顯現為社會運動

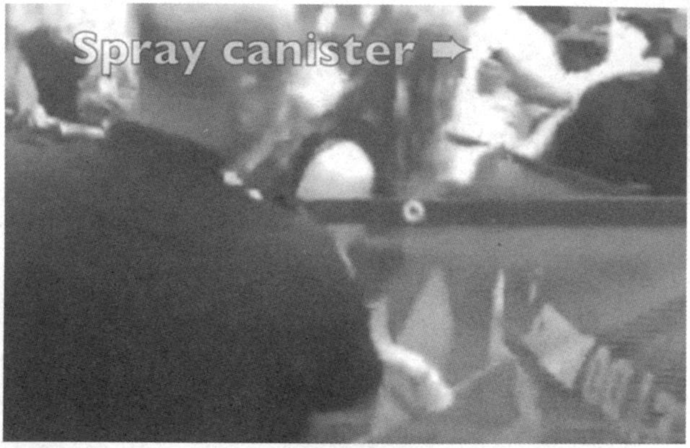

圖八十五　YouTube影片的擷取畫面，顯示波隆納警官對抗議者噴灑胡椒噴霧

的觸媒。胡椒噴霧是一種高度濃縮的辣椒製成的噴霧劑，在一九七三年取得專利、一九九四年首度被紐約警察使用。[17]

二〇一一年九月二十四日，數千人觀看了一位紐約市警察局的警官向三個年輕女性噴胡椒噴霧的影片。這幾位女性已經被「圈」在牢不可破的塑膠網後面，對公共秩序毫無明顯的威脅。看到年輕白人女性遭受這種不相稱的武力令人震驚，雖然有色人種確實長久以來一直遭受警察施加這樣的暴力，只是人們大都沒有看到，而且也沒有在網路流傳。這部影片爆紅。不久後，網路上出現了慢動作版本，並加入註解，說明正在發生的事，使新聞持續報導這個事件。後來，在九月二十六日，駭客團體「匿名」(Anonymous)透過放大一幅警察徽章的擷取畫面和運用這項資訊來搜尋，而指認出其中的警官是副巡官安東尼．波隆納（Anthony Bologna）。

兩天後，在九月二十八日，出現了第二部影片，顯現波隆納也對其他抗議者噴灑噴霧，只是為了要這些人別擋他的路。當時有些警官們曾為他辯護，一年後，當法庭審理這個案子，他們卻不願再支持他。在「美國民權運動」時期，電視也曾顯現警察的暴力。「佔領華爾街」運動大部分都沒有被電視台的攝影機拍攝，而波隆納這位年長的警官或許並不了解新媒體足以造成世界性的新聞。事發當時，佔領行動只進行了幾天，而且僅有幾百人參加。在十月五日，紐約地區的許多工會組織發起為「佔領華爾街」進行一場團結遊行，有一萬五千人參與。舉國的大學校園裡都採取行動。波隆納警官為

圖八十六　歐薩爾（Orsal）的照片，《紅衣女子》（*Woman in Red*）

這番浪潮起了推波助瀾之效。

二〇一三年六月，儘管全球媒體宣告了這波社會正義的起義已經告終，但它卻捲土重來。一波新的運動在土耳其伊斯坦堡發生，為了捍衛當地的最後一塊公共綠地——蓋齊公園（Gezi Park）。埃爾多安（Erdogan）總統的政府想將這座公園變成結合購物中心、奧圖曼主題公園和清真寺的複合式場所。一如在本書第五章論及的重建柏林城堡，這番重建也意圖在城市裡施行一個新形式的社會權威。警察的強硬舉措再度引發眾人的強烈反彈。

再一次，一個女性被噴灑胡椒噴霧的照片爆紅。如今以《紅衣女子》（*Woman in Red*）為人所知的這幅照片顯現一名戴著防毒面具的警員對一位穿著得體而毫無威脅性的年輕女性噴灑噴霧，噴霧的力量如此強烈，以至於她的頭髮四處飛散。然而，這幅照片卻被重要的媒體路透社採用和傳播，而不是由抗議者。從前在社會運動內部發生的事，如今則是由主流媒體所策動。

後來，在巴西發生了類似的事。政府正為世界盃足球賽和奧林匹克運動會建設體育場之際，人們抗議基本交通費用上漲，而突然促使數萬人走上街頭。人們心中激起了某種公平和社會正義感。而這次是一位美聯社的攝影師拍到一個被噴灑胡椒噴霧的女人的畫面。

就像在伊斯坦堡，一個女子只不過拿著一個夏天的包包，卻變成全副武裝警察直接攻擊的目標。這樣地運用胡椒噴霧已經變成常態，而現在唯一的差別是：主流媒體會加以報導。它們的報導為相關的社會運動注入一股顯著的推動力。在這個行動中，「前進，這裡沒有什麼可看的」這樣的概念被拆解了。一方面，警察露過向抗議者噴灑胡椒而確定他們什麼都看不到。但是媒體對這個景象的呈現則使許多其他的人參與抗議。起初是一個社群媒體模因的東西後來變成主流媒體的一個報導模式，不經意地強化了被報導的事件。這一組效應——從抗議到社群媒體、主流媒體然後再回到抗議——同時指出新的全球局勢如何改觀，以及改變的本身現在如何作為任何關注視覺事物的人的一個關鍵主題。

「佔領華爾街」以及其他都會抗議的優勢是在一個已經充斥影像的媒體環境中運作，因而其觀眾也精通視覺分析(即使他們本身可能不會以這種方式形容自己)。「我們就是那百分之九十九的人」的Tumblr和噴灑胡椒噴霧的影片爆紅，一部分是因為它們的觀眾善於分享和散播媒體內容。某種方法從這樣的抗議中崛起。需要投注大量的努力，才能創造一個模因。「百分之九十九」的口號產生自富於自覺的行動主義者之間的密切討論，一般通常認為是由倫敦經濟學院(London School of Economics)的教授大衛．格雷伯(David Graeber)所創造。要使模因奏效，前提是必須已經存在一個網絡。如果只在幾十個人之間流傳某個訊息，則不太可能產生吸引力。光是觸及一千人及他們在臉書上的朋友的朋友，就足以達到超過兩千五百萬人的總數。「佔領華爾街」建立了一個可以直接接觸幾十萬人的網絡，因此，如果納入這些人的網絡朋友的朋友，就足以觸及數量龐大的觀眾。

然而，除非「表演」方式對了，否則這一切都不會奏效。「佔領」這個字眼本身在二〇一一年引起共鳴，產出了許多分支，涵蓋了「佔領美術館」到「佔領科技」和「佔領學生債務」。它的全球性影響持續到二〇一四年，香港發生了引人注目的「讓愛與和平佔領中環」運動。在經過焦點團體測試過後、且專業製造的東西往往和日常生活的艱辛嚴重脫節的時候，「佔領華爾街」所開創的媒體物件其手工和自製性質進一步引發了更多共鳴。用一個公式來表達：二〇一一年的視覺文化行動主義包含在公共空間及各種社群媒體網絡中開創、表演並散播模因，藉以涵蓋、拓展並創造某種政治的主題，像是「我們就是那百分之九十九的人」。

或許這一波全球城市的起義已經告終，或者，如同它們的主事者可能的說法——被震壓了。儘管如此，並不連貫而且往往迥異的動亂時刻仍然是目前全球局面的一個特徵。二〇一三至一四年間在基輔的獨立廣場（Maidan）的抗議是針對政府的決然反抗，政府的動機總是曖昧不明、並導致烏克蘭分裂的下場。同一時期，在泰國曼谷的抗議實際上是反對民主選舉。香港人在二〇一四年的行動理論上是針對二〇一七年的總理大選，但也考量到這個曾被殖民的地方的長久未來，以及它預計在二〇四六年回歸中國體制。二〇一四年，有鑒於整個美國的警察開槍都沒有遭到懲罰[c]，於是爆發了「#黑人的命也是命」（#BlackLivesMatter）運動，重申人民在全國的公共空間的權利。因此，都會起義的動機和結果並非全然一致或已知的。

如果我們放眼全世界，則可以看到愈加高度的都會化、大量年輕人失業以及氣候變化所驅使的動盪將持續下去。二〇一三年，在希臘及西班牙的年輕人失業率超過百分之五十，而在歐元區國家，整體的年輕人失業率為百分之二十五。在南非，有百分之五十二的年輕人失業，而在密西根州的底特律，數字則高達百分之五十九。根據巴勒斯坦當局，在二〇一三年，百分之四十一的巴勒斯坦年輕人失業，接著在二〇一四年就發生了重大的動亂，特別是在加薩（Gaza）。[18] 二〇一四年，由十一位退休的將軍及海軍上將組成的團隊發布了一項氣候變化對國家安全影響的報告，指出從二〇〇七年以來的七年之間，這些影響已經從增加威脅變成「觸發衝突」。[19] 就在同一週，科學家報告：南極西部的冰床將要破裂和融化，這本身將導致海平面上升三公尺（十英尺），儘管這可能要經過幾個世紀才會達到。

大多住在受海平面上升威脅的三角洲和濱海城市的都會人口持續地增長，其中有超過十億人現在住在陽春的住宅建築（Davis 2006）。那表示，在發展中的世界，三個人之中就有一個人住在貧民區。所有這些新的都會經驗發生在世界表面百分之三以下的面積裡，使其中的人們頻繁密集地接觸、造成改變。而這些人愈來愈緊密串連，甚至在發展中國家亦然。自拍只是這個網絡連結中出現的第一個形式。想像屬於「人民」的自拍。所有這一切讓人無法否認：就是這一切以我們無法完全預料或想像的方式觸發持續的變化。在關於這些變化的所有報告中，最值得注意的特點之一是呼籲人們對未來做出更好的想像。而在想像的核心，正是影像。視覺文化必須日日地奮力回應、以了解在一個過於龐大而無法全觀、但非想像不可的世界中的變化。在一個層次上，視覺文化作為一個學術的「緊急應變」形式，將今天的局面和更漫長的歷史相互連接。它試圖了解每天圍繞在我們所有人周遭的一切視覺噪音，後者已經是我們新的日常狀態。它並學習如何認識到視覺想像、視覺思考及視覺化如何結合起來，造成我們居住其中並試圖改變的多個世界。

a．譯註：班克斯是知名的英國塗鴉藝術家、導演和政治行動主義分子，身分不明。

b．譯註：由埃及裔美國導演吉安．紐潔姆（Jehane Noujaim）執導。

c．譯註：在二〇一三至二〇一四年間，美國發生了幾起警察於值勤時，可能原因不明就槍殺黑人的案例，那幾位警察都沒有被追究責任。

結語
視覺行動主義

所以現在的視覺文化面貌是如何？它已經演進到可以謂為視覺思考的某種實踐形式。對於視覺思考，我們不單只是研究，更是親身投入其中。過去二十五年來，我們或許可謂為視覺文化的實踐經歷了許多版本的演變，而今匯聚到視覺行動主義上。對許多視覺藝術家、學者和其他自認為是視覺行動主義分子的人來說，視覺文化是一種創造改變形式的途徑。如果我們重新審視本書對視覺文化梗概的詮釋，可以看到這個概念如何產生。

一如我們在本書導論所看到的，視覺文化在一九九〇年代前後成為人們關注的焦點，並蔚為研究的主流，而當時所關注的是視覺的和透過媒體的呈現，尤其是在大眾與流行文化的層面。當時人們在了解視覺文化的相關議題上，簡單地說成是關於芭比娃娃、《星際爭霸戰》影集和瑪丹娜的種種。我們可以理解為，人們當時主要關注的是流行文化如何呈現身分——尤其是性別和性的身分，以及藝術家和影像創作者如何透過創作來回應這些呈現。我不是說這些主題已不再重要，而是我們參與的方式已經改變了。

南非攝影藝術家莎娜勒・慕荷莉（Zanele Muholi，生於1972年）就是其中一個主要的代表。她稱自己是「黑人蕾絲邊」（black lesbian）及「視覺行動分子」，她的自拍照呼應本書第一章呈現的攝影藝術家——薩姆爾・弗索（圖十九）。他們都使用豹紋代表「非洲」的印記。雖然兩人都戴著眼鏡，但慕荷莉的粗鏡框更顯現知識分子的氣息，而法索的太陽眼鏡則是他諧擬的一環；慕荷莉的帽子將她定位在南非的現代都會，她的直視鏡頭宣示她有權主動去看與被看。

她的作品以視覺顯現南非憲法所提供的自由、和LGBTQI（女同性戀、男同性戀、雙性戀、跨性別、酷兒及陰陽人的簡稱）每天實際遭遇的恐懼同性戀暴力之間的緊張。法律對各種性別傾向者的保護只存在於理論之中，但不存在於城鎮的日常現實裡。慕荷莉的作品展現她和其他南非的酷兒如何在面對社會暴力之下去生活和愛（Lloyd 2014）。她希望社會將她視為黑人蕾絲邊，而且她的同儕也接受她這樣的身分。二〇一四年，慕荷莉在國際視覺文化協會（International Association of Visual Culture）於舊金山舉行的討論會中的專題演說標題就是「視覺行動主義」。對數百名與會者來說，她的作品影射的問題是全球性的：在全球化時代中，被視為公民的意義是什麼？在全球化的社會中，誰又能從地方與國家的層面上代表我們？如果國家不用行動來支撐所宣告的事物，我們如何從視覺上呈現並從政治上代表我們自己？

這些問題呼應了始於二〇〇一年左右、隨著參與式的運動口號「全給我滾！」（見第七章的討論）而產生的透過呈現來思考的轉型。「他們不代表我們」的概念現在看來更像是現代史中一再浮現的議題，從英憲章運動分子宣稱自己代表英國、到「阿拉伯之春」。

二〇〇七年在愛爾蘭的金融風暴引發後續的失業、移民及政府內部普遍的危機感。藝術與美術館成為反思並嘗試回應這些危機的地方。藝術家梅格斯・摩蕾（Megs Morley）和湯姆・弗列

圖八十七　慕荷莉《自拍照》（*Self-Portrait*）

南根（Tom Flanagan）碰觸到卡爾・馬克思在一八六七為了一場關於愛爾蘭的演說所做的一些筆記，它們反映的和現狀的相似性令人不安：

> 廣大民眾的狀態已經惡化，他們的情況已瀕於危機的狀態。（如同一八四六年的飢荒）（Marx, 1867）

摩蕾和弗列南根邀請三位作家，請他們想像自己就「愛爾蘭問題」提出的演說講稿，然後請演員在愛爾蘭國立泰博赫克語（Taibhearc）劇院演出這些演說，並將表演拍攝成影片。

成品是長度將近一小時、以三面螢幕投影的影片，將前衛電影的視覺語言和常見的典型政治說辭結合在一起。它雖然是一場真實的表演，但現在更超越個人身分、試圖找到某種國家身分。摩蕾和弗列南根回到歷史上的革命時期，找尋未來的可能性。作品的第二段（見圖八十八）深度思考愛爾蘭如何在不到一個世紀之前、帶著遠大的希望創立為一個新的國家，卻無法實現這些希望。演說者的結論是，愛爾蘭需要的是一場革命，但不是傳統馬克思定義的革命：「革命是來自遠見……一個具有遠見、具有目的或者懷有希望的革命」。這個革命不是傳統中認為的暴力或正面衝突，而是始於簡單的「愛我們自己」的行為，在一個以自嘲式的幽默聞名的國家。雖然這部影片是在藝廊與美術館放映，但它的希望和意圖是在愛爾蘭帶起改變，最重要的就是視野的改變。

畢竟，我們已經清楚了解到，（從所有的意義上而言）「他們不代表我們」所指的是：我們必須找到表達自己的方式。從自拍到投射某種新的「人民」概念、以及觀察「人類世」的必要性，視覺行動主義如今投入嘗試創造改變。是在從阿富汗到烏克蘭、主要在中東地區的持續戰爭背景下，人們投入這樣的努力。這不是

圖八十八　摩蕾（Morley）和弗列南根（Flanagan）《愛爾蘭問題》（*The Question of Ireland*）影片畫面

一個短期的計畫，而我們必須考慮到如何以集體的型態而生活。

在底特律，有名九十九歲的行動分子與哲學家葛蕾絲・李・布格斯（Grace Lee Boggs）每次開會時都以一個問題開場：「在世界的時鐘上，現在是幾點？」葛蕾絲・李在她拍攝的電影《美國革命家》（*American Revolution*, 2014）的開場鏡頭中沉思說：「我為那些不住在底特律的人們感到難過。」當你看著當時已屆九十五高齡的她，小心推著助行器，穿過這座都市的許多荒廢殘垣，你會懷疑她的話是認真的嗎？葛蕾絲將一生都獻給了底特律，當她在一九五五年搬到這裡時，這座城市是全球汽車工業的中心。底特律為世界帶來了裝配生產線、可負擔得起的交通工具、用個人消費信用購買汽車，以及……如葛蕾絲總愛提起的——汽車帶來的全球暖化。她認為現在我們必須開始參與她所謂的「視野重組」（visionary organizing），思考在工業化之後、石油能源為主的文化中，生活還有什麼可能性。她認為這很令人興奮而且解放，是一個超越「求生存」、進而「開創生活」的契機。即使貧窮仍存在於這座城市，葛蕾絲・李・布格斯仍認為底特律正再度展開新的未來（官方資料顯示，佔該市人口百分之八十一的美國黑人中，有百分之四十二的人受貧窮所苦）。

葛蕾絲認為，我們都以某種「底特律」的型態生活。所謂的「全球化」是從某種工業經濟轉變成別的狀態。在底特律的福特汽車創造了裝配線製造系統，其中，為了讓工廠能生產更多車輛而做出分工，工人於是反覆地做同樣的工作。今天，在現代化的福特工廠裡，大部分可能對人是危險的工作（如焊接和在火花四濺之下噴漆）則都由機器人來做。其中保留給人力的任務，是思考如何使生產程序更有效率。一群豐田（Toyota）汽車公司的工人發現，如果做一點改變，則烤漆中心可以從八個工作人員減到三人。豐田公司獎賞發現這些改變的人，並在全世界的分公司都裁掉五個烤漆人員。義大利哲學家保羅．維諾（Paolo Virno）頗有道理地將這個新的工作方式稱為「豐田主義」（Toyota-ism），就像生產裝配線在從前以「福特主義」（Fordism）為人所知（2004）。

「視野重組」是一種思考方式，思考如何更好地使用創意能量來做出提升，而不是裁員來

圖八十九　布格斯（Boggs）《美國革命家》（*American Revolution*）電影畫面

增加利益。它是視覺行動主義的另一種形式。現在世界上大多數人都達到大抵相同的結論，並試圖找到新的方式去參與想像改變的可能。在德國，一項意見調查發現，百分之二十四的年輕人渴望成為藝術家。我不認為突然之間有四分之一的德國人想成為畫家或雕塑家，而是相較於我們在其中任職、主流的所謂「服務經濟」裡，我們並非為了彼此、而是為某個人的利益而工作，則藝術可能是讓你能在全球經濟中為自己活的唯一方式。YouTube頻道到Snapchat等參與式媒體及表演在全世界大量湧現，也反映出年輕人對另一種生活的渴望。青少年部落客和各種視頻在YouTube擁有數百萬的觀眾。二〇一四年在韓國舉辦的《英雄聯盟》電腦遊戲的冠軍賽，就有三千二百萬人觀看。甚至博物館也開始參與改變，在香港的M＋博物館訴求即為「香港視覺文化的新博物館」，擬於二〇一八年開幕，在此之前，已在整個城市裡激發關於「視覺文化是什麼？」的熱烈討論：它是一種思考在全球城市中的當代藝術的方式？還是一連串的日常實踐，像是塗鴉、書法、武打電影和充滿活力的香港城市生活的其他面向？即便是最傳統的博物館也在改變。二〇一四年，倫敦的維多利亞和艾伯特博物館（Victoria and Albert Museum）舉辦了一場名稱為「不服從的物件」（Disobedient Objects）的展覽，展現「政治行動主義如何促動了挑戰藝術與設計的傳統定義的大量設計巧思與集體創意」（vam.ac.uk）。其中一個例子是「折衷電子團隊」（Eclectic Electric Collective）用於街頭抗議的一顆大型充氣圓石頭。石頭正是以前街頭抗議者用來製作路障的材料，這個氣球於是具有雙關意義：這群藝術家藉此嘲諷政府以軍事的方式控管人民，要身穿防暴裝備的警察圍著抗議民眾跑、並毆打他們。這兩個事件突然和香港「佔領中環」的發生產生關聯，香港的行動分子從維多利亞和艾伯特博物館網站下載製作防瓦斯面具的作法，而象徵這場運動、「雨傘行動」中的一把傘不久後也成為倫敦的「不服從的物件」展覽的展品。

同樣的狀況也以另一種形式發生在美國密蘇里州的佛格森（Ferguson）市，二〇一四年八月九日，當地警察射殺了黑人麥可・布朗（Michael Brown）。行動分子了解到麥克在被射殺的當下有把手舉起，於是在幾天之內立刻創作出「把手舉起，不要殺我」的模因。這個模因和經過思考和設計的大多數模因情況不同，是自發地重演人們認為的麥可・布朗死前最後說的話。這個模因立刻透過網路直播與社群媒體快速傳開來。「把手舉起，不要殺我」創造了抗議者的某種新的自我形象，屬於Snapchat／自拍世代互動下的的第一批產物，人們並直接在街頭行動。它讓媒體沒有報導與呈現的實際惡行被明顯看見。當大評審團最終決議不起訴射殺布朗的警官戴倫・威爾森（Darren Wilson），並以無罪釋放，這一舉更讓「把手舉起，不要殺我」的模因傳遍全美和整個世界，在倫敦和世界各地，人們都使用這句口號來進行聲援行動。

在視覺行動主義的創作計畫中，會發展出另類的視覺語彙，它是集體合作的，包含建立檔案庫、網絡串連、研究、繪製詳圖以及其他的工具，全都是為了實現創造改變的視野。正如我在本書的導論指出的，這些就是視覺文化的工具試圖達到的目的。在一九九〇年，我們可以用視覺文化來批評和反對藝術、電影和大眾媒體描繪人們的方式。時至今日，我們可以積極地運用視覺文化來創造新的自我形象、新的觀看與被觀看的方式，及新的看世界的方法，這就是視覺行動主義。在本書的末尾，我們或許可以這麼簡單地說：

視覺行動主義是透過「像素」和「行動」的交互作用來做出改變。「視覺像素」泛指透過電腦製作的一切視覺素材，從由文書處理軟體產生的各種文字、到所有形式的畫

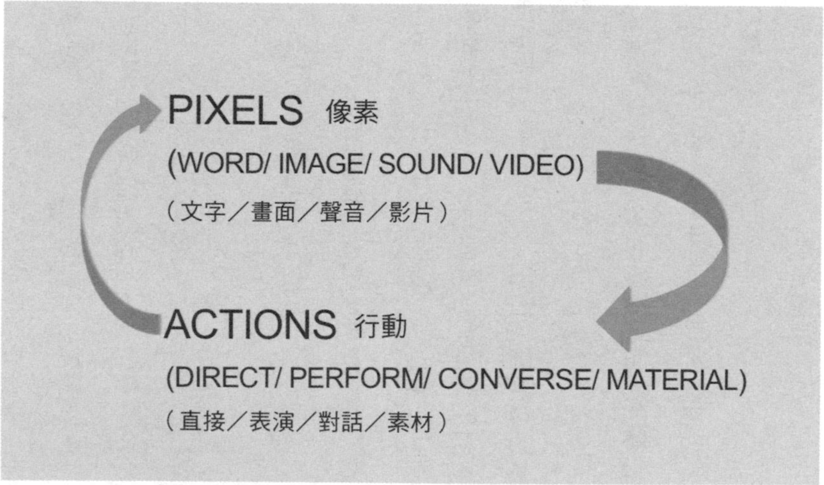

圖九十　視覺行動主義圖解

面、聲音和影片。「行動」是我們以那些創造改變的文化形式所做的事，不論規模大小，從直接的政治行動到表演——在日常生活或是劇場中，可能是一場對話或一件藝術作品。一旦我們學會看這個世界，我們才採取了必要行動的一步。重點是改變這個世界。

圖版說明

1. NASA / Apollo 17 crew, Blue Marble, NASA Johnson Space Center, 7 December 1972
2. Aki Hoshide 'Selfie'. NASA. 2012. ISS032-E-025258 (5 Sept. 2012)
3. NASA / NOAA / GSFC / Suomi NPP / VIIRS / Norman Kuring, Blue Marble, NASA, 2012, Goddard Space Flight Center Image by Reto Stöckli (land surface, shallow water, clouds); enhancements by Robert Simmon (ocean colour, compositing, 3D globes, animation); data and technical support: MODIS Land Group; MODIS Science Data Support Team; MODIS Atmosphere Group; MODIS Ocean Group; additional data: USGS EROS Data Center (topography); USGS Terrestrial Remote Sensing Flagstaff Field Center (Antarctica); Defense Meteorological Satellite Program (city lights) / NASA
4. Louis Daguerre, Untitled (Shells and Fossils), 1839
5. J. M. W. Turner, Rain, Steam and Speed, 1844 © National Gallery, London / Art Resource, NY
6. William Kilburn, Chartists at Kennington Common, 1848, Royal Collection Trust / © Her Majesty Queen Elizabeth II, 2014
7. Roberto Schmidt, 'President Barack Obama (R) and British Prime Minister David Cameron pose for a selfie picture with Denmark's Prime Minister Helle Thorning-Schmidt (C) next to US First Lady Michelle Obama (R) during the memorial service of South African former president Nelson Mandela at the FNB Stadium (Soccer City) in Johannesburg on 10 December 2013', Getty Images
8. Diego Velázquez, Las Meninas or The Family of Philip IV, 1656 (oil on canvas, 316 × 276 cm), Madrid: Museo del Prado; photo: Album / Art Resource, NY
9. Pedro Lasch, Liquid Abstraction / Abstracción líquida [S3BM1A], 2012, from Black Mirror / Espejo Negro
10. Élisabeth Vigée-Lebrun (attributed to a follower), Marie Antoinette, National Gallery of Art, Washington DC
11. Élisabeth Vigée-Lebrun, Madame Vigée-Lebrun and her Daughter Julie (1780–1819) (oil on wood, 130 × 94 cm), Inv.: 3068, Musée du Louvre; photo: Erich Lessing / Art Resource, NY
12. Hippolyte Bayard, Self-Portrait as a Drowned Man, 1839
13. Gustave Courbet, The Wounded Man (oil on canvas, 81.5 × 97.5 cm), RF 338; photo: Hervé Lewandowski, Musée d'Orsay,

1845; photo credit © RMN Grand Palais / Art Resource, NY

14. Henri de Toulouse-Lautrec, Self-Portrait Before a Mirror, 1880, Toulouse-Lautrec Museum, Albi, France; photo: Gianni Dagli Orti / The Art Archive at Art Resource, NY
15. Marcel Duchamp, Self-Portrait in a Five-Way Mirror, Francis M. Naumann Fine Art / Private Collection
16. Man Ray, Marcel Duchamp as Rrose Sélavy, c. 1920–21, ©ARS, NY, Philadelphia Museum of Art (gelatin silver print, 8 1⁄2 × 6 13⁄16 inches (21.6 × 17.3 cm)), signed in black ink, at lower right: lovingly, Rrose Sélavy / alias Marcel Duchamp [cursive]; the Samuel S. White 3rd and Vera White Collection, 1957, Philadelphia Museum of Art; photo credit: The Philadelphia Museum of Art / Art Resource, NY
17. Cindy Sherman, Untitled Film Still #21, New York, Museum of Modern Art, 1978
18. Nan Goldin, Nan One Month After Being Battered (1984) © Nan Goldin, courtesy Matthew Marks Gallery, NY
19. Samuel Fosso, The Chief (the one who sold Africa to the colonists), 1997, Deutsche Bank Collection, courtesy Galerie Jean Marc Patras, Paris
20. Snapchat website banner ad http://www.snapchat.com, 2014
21. René Descartes, 'Vision' (engraving), from La Dioptrique following the Discours de la méthode (first published in Leiden in 1637), Bibliothèque de l'Académie de Médecin, Paris
22. Still from 'Invisible Gorilla', D. J. Simons and C. F. Chabris (1999), 'Gorillas in our midst: Sustained inattentional blindness for dynamic events', Perception 28, pp. 1059–74; figure provided by Daniel Simons from www.dansimons.com
23. fMRI scan, taken by John Graner, Neuroimaging Department, Walter Reed National Military Medical Center, Bethesda, MD 20889
24. Daniel J. Felleman and David C. Van Essen, 'Hierarchy of Visual Areas', from 'Distributed Hierarchical Processing in the Primate Cerebral Cortex', in Cerebral Cortex Jan/Feb 1991, vol.1, no. 1, pp. 1–47; 1047–3211, p. 30
25. Piet Mondrian, Broadway Boogie Woogie. 1942–43 (oil on canvas, 50 × 50 inches (127 × 127 cm)), given anonymously, The Museum of Modern Art, digital image © The Museum of Modern Art / Licensed by SCALA / Art Resource, NY
26. François Boucher, Diana Leaving Her Bath, from Connoisseur Magazine (April 1905); photo: HIP / Art Resource, NY
27. Jacques-Louis David, Antoine-Laurent Lavoisier (1743–1794) and his Wife (Marie-Anne-Pierrette Paulze, 1758–1836), 1788 (oil on canvas, 102 1⁄4 × 76 5⁄8 inches (259.7 × 194.6 cm)), purchase, Mr and Mrs Charles Wrightsman Gift, in honor of Everett Fahy, 1977 (1977.10) © The Metropolitan Museum of Art; image source: Art Resource, NY
28. Julia Margaret Cameron, Thomas Carlyle, c. 1870, Los Angeles: J. Paul Getty Museum; digital image courtesy of the Getty's

Open Content Program

29. 'Kaninchen und Ente' ('Rabbit and Duck'), the earliest known version of the duck–rabbit illusion, from the 23 October 1892 issue of Fliegende Blätter, used by Ludwig Wittgenstein in his Philosophical Investigations
30. Yinka Shonibare MBE, The Scramble for Africa, 2003, The Pinnell Collection, Dallas
31. 'Multiplex Set', from: FM-30-21 Aerial Photography: Military Applications, Washington DC: War Department, 1944
32. Bombing in Italy, 1944, US Government
33. U2 photograph, 14 October 1962, aerial photograph near Los Palacios, San Cristobal, Cuba; photo: Dino A. Brugioni Collection at the National Security Archive, George Washington University
34. 'Sanitization of Ammunition Depot at Taji', slide from General Colin Powell's presentation to the United Nations, 2003
35. Pete Souza, Situation Room, 1 May 2011, The White House
36. MQ-1 Predator drone, US Air Force photo / Lt Col. Leslie Pratt
37. Black Hornet nano UAV, US Navy photo by Mass Communication Specialist 3rd Class Kenneth G. Takada
38. Still from Lumière brothers, Arrival of the Train in the Station, La Ciotat, 1897
39. Still from Lumière brothers, Workers Leaving the Factory, 1895
40. Still from Strangers on a Train, dir. Alfred Hitchcock, 1956
41. Still from Strangers on a Train, dir. Alfred Hitchcock, 1956
42. Still from La Chinoise, dir. Jean-Luc Godard, 1967
43. Still from Shoah, dir. Claude Lanzmann, 1985
44. Screengrab from Vision Systems International webpage
45. Screengrab from World of Warcraft
46. Google Glass; photo: author
47. Screengrab from Google Glass webpage
48. Charles Marville, Old Paris, Los Angeles: Getty Center; digital image courtesy of the Getty's Open Content Program
49. Edouard Manet, Amazone (oil on canvas, 73 × 52 cm), Inv.: 1980.5, Museo Thyssen-Bornemisza, Madrid; photo: Nimatallah / Art Resource, NY
50. Edgar Degas, Dans un café or L'absinthe, Ellen Andrée and Marcellin Desboutin, c. 1875–6, Musée d'Orsay, Paris; photo: Erich Lessing / Art Resource, NY
51. Checkpoint Charlie, Berlin, Wikimedia Commons

52. Jack Moebis, 'Woolworth Sit In, Second Day', 2 February 1960, Greensboro, NC; courtesy of Corbis / Greensboro News and Record
53. Sign in District Six Museum, Cape Town, South Africa; photo: author
54. David Goldblatt, A Farmer's Son With His Nursemaid, Heimweeberg, Nietverdiend, Western Transvaal (3_A9941), 1964, San Francisco Museum of Modern Art
55. Ernest Cole, 'Pass Laws', from A House of Bondage, 1967, Ernest Cole / The Ernest Cole Family Trust, courtesy of the Hasselblad Foundation
56. Zwelethu Mthethwa, Interior, 2000, courtesy Jack Shainman Gallery and the artist
57. The Separation Wall, Israel; photo: Marc Venezia, Wikicommons Media
58. Visualizing Palestine, Segregated Road System
59. Thames Town, China; photo: Huai-Chun Hsu, posted to Wikimedia Commons
60. Michael Wolf, from The Architecture of Density, photo a39, courtesy of the artist
61. Sze Tsung Leong, 'Beijingxi Lu, Jingan District, Shanghai, 2004', from History Images, courtesy of the artist and Yossi Milo Gallery
62. Pudong, Shanghai; photo: author
63. Jardine Matheson headquarters, Shanghai; photo: author
64. Still from The Matrix, dir. Warshowski Brothers, 1999
65. Clement Valla, Postcard from Google Earth, courtesy of the artist
66. Map reprinted from Anthony Costello et al., 'Managing the Health Effects of Climate Change: Lancet and University College London Institute for Global Health Commission', Lancet 373, no. 9676 (2009), pp. 1693–1733, with permission from Elsevier, www.sciencedirect.com/science/article/pii./S0140673609609351
67. Valentine Green, An Experiment on a Bird in the Air Pump (after Joseph Wright of Derby), 1769, Hermitage, St Petersburg; photo: HIP / Art Resource, NY
68. John James Audubon, Passenger Pigeons, from Birds of America, Edinburgh, 1827–38
69. Claude Monet, Impression: Sun Rising, 1873 (oil on canvas, 48 × 63 cm), painted in Le Havre, France; critics called Monet and his circle – at first ironically – 'Impressionists', after the title of this work; Musée Marmottan–Claude Monet; photo credit: Erich Lessing / Art Resource, NY
70. Claude Monet, Unloading Coal, 1875 (oil on canvas, 55 × 66 cm), Inv.: RF 1993–21; photo: Jean-Gilles Berizzi, Musée

d'Orsay © RMN-Grand Palais / Art Resource, NY

71. George Wesley Bellows, Forty-Two Kids, 1907 (oil on canvas, 42 × 60 1/4 inches (106.7 × 153 cm)), Corcoran Gallery of Art, Washington, DC, Museum purchase, William A. Clark Fund
72. Beijing National Stadium; photo: Peter23 at Wikimedia Commons
73. Anish Kapoor, Orbit; photo: author
74. Sammy Baloji, 'Untitled 13', 2006. Archival digital photograph on satin matte paper. 60 x 240 cm. From Mémoire
75. Installation view of Coal + Ice in Yixian, China; photo: Jeroen de Vries
76. Harold Fisk, The Alluvial Valley of the Lower Mississippi River, US Army Corps of Engineers, 1944
77. US Army Corps of Engineers, The Mississippi River and Tributaries Project: Designing the Project Flood, 2008
78. Ganzeer, Tank and Bread, Cairo, 2012, from ganzeer.com
79. Still from The Square, dir. Jehane Noujaim 2013
80. Adbusters, 'Big Mac Attack'. Courtesy of the Adbusters Foundation
81. Adbusters, 'Occupy Wall Street'. Courtesy of the Adbusters Foundation
82. Still from 'WeAreThe99%' Tumblr
83. Occupy Sign. Photo: Author
84. Occupy Sign. Photo: Anon
85. Still from YouTube video showing Officer Bologna pepper-spraying protestors
86. Osman Orsal, 'Woman in Red', Istanbul, Reuters
87. Zanele Muholi, Self-Portrait. Courtesy of the Stevenson Gallery and the artist
88. Still from, The Question of Ireland, dir. Megs Morley and John Flanagan (2013). Courtesy of the artists
89. Still from American Revolutionary, dir. Grace Lee (2014). Courtesy LeeLee Films
90. Visual activism graphic: author

註解

第一章：如何看自己

1. Foucault [1966] 1970, pp. 14–15.
2. Ibid., pp. 16–17.
3. Lasch 2010, p. 10.
4. Parker and Pollock 1981, p. 99.
5. de Beauvoir 1947, p. 283.
6. Mulvey 1975, p. 33.
7. Schechner 2002, p. 29.
8. Butler 1990, p. xxii.
9. Fanon 1967, pp. 93–112.
10. Fosso, http://www.theguardian.com/artanddesign/2011/jun/19/photographer-samuel-fosso-best-shot
11. Halberstam 2013.
12. Clark 2013, http://edition.cnn.com/2013/11/23/opinion/clark-selfie-word-of-year
13. Marche 2013, http://www.esquire.com/blogs/culture/selfies-arent-art
14. Losh 2014, http://d25rsf93iwlmgu.cloudfront.net/downloads/liz_losh_beyondbiometrics.pdf

第二章：對觀看的思考

1. Felleman and Van Essen 1991, http://www.ncbi.nlm.nih.gov/pubmed/1822724
2. Ibid., p. 30.
3. Ramachandran 2011, p. 55.
4. Ibid., p. 47.
5. Ibid., p. 124.
6. Ibid., p. 117.

第三章：戰爭的世界

1. von Clausewitz [1832] 2006, p. 54.
2. Ibid., p. 38.
3. Ibid, p. 9. The translation given here is 'War is only a continuation of state policy by other means'.
4. Harlan K. Ullman and James P. Wade, Shock and Awe: Achieving Rapid Dominance (National Defense University, 1996), available at http://archive.org/stream/shockandaweachie07259gut/skawe10.txt
5. Harper's 2013, http://www.harpers.org/harpers-index/?s=drones
6. Coll 2014, http://www.newyorker.com/magazine/2014/11/24/unblinking-stare
7. Blum 2013, www.vanityfair.com/culture/2013/06/new-aesthetic-james-bridle-drones

第四章：螢幕上的世界

1. Vertov 1984, p. 40.
2. Ibid., p. 14.
3. McLuhan and Fiore 1967, p. 26.
4. eMarketer 2013, http://www.emarketer.com/article/digital-set-surpass-tv-time-spent-with-us-media/1010096#sthash.tewzdbeq.dpuf
5. Millward 2014, https://www.techinasia.com/china-has-450-million-online-video-viewers-2013-infographic
6. Starosielski 2012, pp. 38–57.
7. http://www.submarinecablemap.com/
8. Wallace 2007, p. 6.
9. http://www.eurofighter.com/news-and-events/2005/06/helmet
10. http://www.bbc.com/news/technology-19372299
11. Galloway 2012, pp. 42–8.
12. http://press.ihs.com/press-release/design-supply-chain-media/soaring-esports-viewership-driven-online-video-platforms
13. Deleuze 1992, p. 3.
14. http://www.google.com/glass. This picture has now been removed. See http://www.theguardian.com/technology/2013/apr/30/google-glass-pictures-online
15. Schmidt and Cohen 2013, p. 98.

第五章：世界城市・城市世界

1. http://www.who.int/gho/urban_health/situation_trends/urban_population_growth_text/en/
2. http://www.chengduinvest.gov.cn/en/htm/detail.asp?id=12607
3. http://press.parisinfo.com/key-figures/key-figures/tourism-in-paris-key-figures-2013
4. Balzac, The Lesser Bourgeois of Paris, Ch. 1 (1855).
5. Baudelaire, Flowers of Evil (1857).
6. Baudelaire, The Painter of Modern Life (1863).
7. Journal des Débats (1831), quoted by Benjamin (1999), p. 35.
8. Hogan (2009), p. 35.
9. Pillay (2013), p. 12.
10. Nora (2006).
11. Sze Tsung Leong 2004, http://www.szetsungleong.com/texts_historyimages.htm
12. Aw (2013).
13. http://www.telegraph.co.uk/technology/10172298/one-surveillance-camera-for-every-11-people-in-britain-says-cctv-survey.html
14. Clement Valla, http://www.postcards-from-google-earth.com/info/

第六章・改變中的世界

1. Bacon ([1605] 2001), Book 1, Vol. 11.
2. Audubon 1999, pp. 263–4.
3. Audubon Society (2007), http://birdsaudubonorg/common-birds-decline 2007
4. Buck-Morss 1992, pp. 3–41.
5. Phelps et al. 1934, p. 1006.
6. Orwell 1937, p. 18.
7. http://www.worldbank.org/en/topic/poverty/overview
8. http://www.spiegel.de/international/world/chinese-leaders-forced-to-counter-environmental-pollution-a-886901.html
9. https://www.gov.uk/government/uploads/system/uploads/attachment_data/file/295968/20140327_2013_uk_greenhouse_gas_emissions_provisional_figures.pdf
10. https://www.gov.uk/government/uploads/system/uploads/attachment_data/file/261692/consumption_emissions_28_Nov_2013.pdf
11. http://www.bloomberg.com/news/2013-01-18/china-s-steel-production-rises-3-1-in-2012-as-economy-expanded.html and http://www.steel.org/about%20aisi/statistics.aspx
12. http://www.oecd.org/sti/ind/item%203.%20mckinsey%20-%20competitveness%20in%20the%20steel%20industry%20%28oecd%29%20-%20final.pdf
13. http://anishkapoor.com/332/orbit.html
14. http://www.prixpictet.com/portfolios/earth-shortlist/sammy-baloji/statement/
15. https://www.sec.gov/about/laws/wallstreetreform-cpa.pdf
16. http://sites.asiasociety.org/coalandice

第七章・改變世界

1. http://enlacezapatista.ezln.org.mx/sdsl-en
2. Sitrin 2006, pp. 3–5.
3. Werrel and Femia 2013, https://climateandsecurity.files.wordpress.com/2012/04/climatechangearabspring-ccs-cap-stimson.pdf
4. Couldry and Fenton 2011, http://www.possible-futures.org/2011/12/22/rediscovering-the-general-will
5. http://www.unicef.org/infobycountry/egypt_statistics.html
6. Ganzeer 2014, http://www.aucegypt.edu/gapp/cairoreview/Pages/articleDetails.aspx?aid=618
7. Ganzeer 2011, pp. 39–43.
8. http://www.ganzeer.com
9. http://muftah.org/freedom-of-expression-under-threat-in-north-africa-an-open-letter-from-ganzeer/#.vhxzttgsxto
10. For now, Egyptian graffiti can still be seen at http://suzeeinthecity.wordpress.com
11. Speri 2014, https://news.vice.com/article/international-and-egyptian-
street-artists-join-forces-against-sisi
12. http://mosireen.org
13. youtu.be/47ipxanddtg
14. youtu.be/kvo3nqfkmbm
15. https://www.adbusters.org/blogs/adbusters-blog/occupywallstreet.html

16. Stiglitz 2011, http://www.vanityfair.com/society/features/2011/05/top-one-percent-201105
17. di Justo, http://www.newyorker.com/tech/elements/object-of-interest-pepper-spray
18. For South Africa: http://www.indexmundi.com/g/r.aspx?v=2229
    For Detroit: http://www.dennis-yu.com/calling-dan-gilbert-our-solution-to-detroits-youth-unemployment-issue/.
    For Palestine: http://www.pcbs.gov.ps/site/512/default.aspx?tabid=512
    &lang=en&itemid=790&mid=3172&wversion=staging
19. CNA Military Advisory Board 2014.

延伸閱讀

ABBAS, ACKBAR (2012)
'Faking Globalization', in Mirzoeff (2012)

ABBATE, JANET (1999)
Inventing the Internet (Cambridge, MA: MIT Press)

ABEL, ELIZABETH (2010)
Signs of the Times: The Visual Politics of Jim Crow (Berkeley: University of California Press)

ADAMS, RACHEL (2001)
Sideshow USA (Chicago: University of Chicago Press)

AGGER, BEN (2012)
Oversharing: Presentations of Self in the Internet Age (New York: Routledge)

ANDERSON, BENEDICT (1991)
Imagined Communities: Reflections on the Origin and Spread of Nationalism (London: Verso)

AUDUBON, JOHN JAMES (1999)
Writings and Drawings (Washington, DC: Library of America)

AUDUBON SOCIETy (2007)
'Common Birds in Decline'
http://birds.audubon.org/common-birds-decline

AW, TASH (2013)
Five Star Billionaire (London: Fourth Estate)

AZOULAY, ARIELLA (2008)
The Civil Contract of Photography (New York: Zone Books)
bavelier lab
'The Brain and Learning'
http://cms.unige.ch/fapse/people/bavelier

BEAUVOIR, SIMONE DE (1947)
The Second Sex (New York: Norton)

BENJAMIN, WALTER (1968)
'The Work of Art in the Age of Mechanical Reproduction', tr. Harry Zohn (from a 1935 essay), in Illuminations, ed. Hannah Arendt (New York: Schocken)

BENJAMIN, WALTER (1999)
The Arcades Project (Cambridge, MA: Belknap Press)

BERGER, JOHN (1973)
Ways of Seeing (Harmondsworth: Pelican)

BERGER, MAURICE (2010)
For All the World to See: Visual Culture and the Struggle for Civil Rights (New Haven: Yale University Press)

BLUM, ANDREW (2013)
'Children of the Drone'
www.vanityfair.com/culture/2013/06/new-aesthetic-james-bridle-drones

BOGGS, GRACE LEE (2011)
The Next American Revolution: Sustainable Activism for the Twenty-First Century (Berkeley: University of California Press)

BRIDLE, JAMES (2012)
Dronestagram: The Drone's-Eye View
http://booktwo.org/notebook/dronestagram-drones-eye-view

bryson, norman, michael ann holly and keith moxey (eds.) (1994)
Visual Culture: Images and Interpretations (Hanover, NH: Wesleyan University Press)

BUCK-MORSS, SUSAN (1992)
'Aesthetics and Anaesthetics: Walter Benjamin's Artwork Essay Reconsidered', October, vol. 62 (Autumn)

BUTLER, JUDITH (1990)
Gender Trouble (New York: Routledge)

CARLYLE, THOMAs (1840)
On Heroes and Hero-Worship (London)

CARSON, RACHEL (1962)
Silent Spring (New York: Houghton Mifflin)

CASTELLS, MANUEL (1996)
The Rise of the Network Society (Oxford: John Wiley-Blackwell)

CERTEAU, MICHEL DE (1984)
The Practice of Everyday Life, tr. Steven Rendall (Berkeley: University of California Press)

CHABRIS, CHRISTOPHER, AND DANIEL SIMONS (2010)
The Invisible Gorilla: How Our Senses Deceive Us (New York: Harmony)

CHUN, WENDY HUI KYONG (2006)
Control and Freedom: Power and Paranoia in the Age of Fiber Optics (Cambridge, MA: MIT Press)

CHUN, WENDY HUI KYONG (2011)
Programmed Visions: Software and Memory (Cambridge, MA: MIT Press)

CLARK, ROY PETER (2013)

'Me, My Selfie and I'
http://edition.cnn.com/2013/11/23/opinion/clark-selfie-word-of-year

CLARK, T. J. (1973)
The Image of the People: Gustave Courbet and the 1848 Revolution (London: Thames & Hudson)

CLAUSEWITZ, CARL VON ([1832] 2006)
On War, tr. J. J. Graham (Project Gutenberg)

CNA MILITARY ADVISORY BOARD (2014)
National Security and the Accelerating Risks of Climate Change (Alexandria, VA: CNA Corporation)
coal + ice
http://sites.asiasociety.org/coalandice

COLE, ERNEST (1967)
House of Bondage (New York: Random House)

COLL, STEVE (2014)
'The Unblinking Stare'
http://www.newyorker.com/magazine/2014/11/24/unblinking-stare

COLUMBIA LAW SCHOOL (2012)
Counting Drone Strike Deaths (New York: Human Rights Clinic, Columbia Law School)

COMOLLI, JEAN-LOUIS (1980)
'Machines of the Visible', in Teresa de Lauretis and Stephen Heath (eds.), The Cinematic Apparatus (London & Basingstoke: Macmillan)

COULDRY, NICK, AND NATALIE FENTON (2011)
'Occupy: Rediscovering the General Will in Hard Times'
http://www.possible-futures.org/2011/12/22/rediscovering-the-general-will

CRARY, JONATHAN (2014)
24/7 (New York: Zone)

DAVIS, MIKE (2006)
Planet of Slums (New York: Verso)

DELEUZE, GILLES (1992)
'Postscript on the Societies of Control', October, vol. 59 (Winter)

DER DERIAN, JAMES (2009)
Virtuous War: Mapping the Military-Industrial-Media-Entertainment-
Network (New York: Routledge)

DESCARTES, RENÉ (1637)
Discourse on Method (as Discours de la méthode pour bien

conduire sa raison, et chercher la vérité dans les sciences) (Paris)

DI JUSTO, PATRICK (2013)
'Object of Interest: Pepper Spray'
http://www.newyorker.com/tech/elements/object-of-interest-pepper-spray

EDWARDS, PAUL (1996)
The Closed World: Computers and the Politics of Discourse in Cold War America (Minneapolis: University of Minnesota Press)

EDWARDS, PAUL (2010)
A Vast Machine: Computer Models, Climate Data, and the Politics of Global Warming (Cambridge, MA: MIT Press)

EMARKETER (2013)
'Digital Set to Surpass TV in Time Spent with US Media'
http://www.emarketer.com/article/digital-set-surpass-tv-time-spent-with-us-media/1010096#sthash.tewzdbeq.dpuf

FANON, FRANTZ (1967)
Black Skin, White Masks, tr. Charles Lam Markmann (New York: Grove)

FELLEMAN, D. J., AND D. C. VAN ESSEN (1991)
'Distributed Hierarchical Processing in the Primate Cerebral Cortex', Cerebral Cortex, Jan/Feb, vol. 1, no. 1: pp. 1–47
http://www.ncbi.nlm.nih.gov/pubmed/1822724

FM 3–24 (2006)
Counterinsurgency (Washington, DC: US Army and Marine Corps)

FOUCAULT, MICHEL (1970)
The Order of Things, tr. A. M. Sheridan Smith (London: Tavistock)

FRIEDAN, BETTY (1963)
The Feminine Mystique (New York: Norton)

FRIEDBERG, ANNE (1994)
Window Shopping: Cinema and the Postmodern (Berkeley: University of California Press)

GALLESE, VITTORIO (2003)
'The manifold nature of interpersonal relations: the quest for a common mechanism', Philosophical Transactions of the Royal Society B (2003): pp. 358, 517–28

GALLOWAY, ALEXANDER R. (2012)
The Interface Effect (New York: Polity)

GANZEER (2011)
'Practical Advice', Bidoun #25 (Summer): pp. 39–43

GANZEER (2014)

'Concept Pop', The Cairo Review of Global Affairs, 6 July 2014 http://www.aucegypt.edu/gapp/cairoreview/Pages/articleDetails.aspx?aid=618

GIBSON, WILLIAM (1984)
Neuromancer (New York: HarperCollins)

GOLDBLATT, DAVID ([1966] 1975)
Some Afrikaners Photographed (Johannesburg: Murray Crawford)

GOUREVITCH, PHILIP, AND ERROL MORRIS (2008)
Standard Operating Procedure DVD

GRAEBER, DAVID (2013)
The Democracy Project: A History, A Crisis, A Movement (New York: Random House)

GRUSIN, RICHARD (2010)
Premediation: Affect and Mediality After 9/11 (New York: Palgrave)

HALBERSTAM, JACK (2012)
Gaga Feminism: Sex, Gender and the End of the Normal (Boston: Beacon)

HALBERSTAM, JACK (2013)
'Charming for the Revolution: A Gaga Manifesto', e-flux #44 (April 2013), http://www.e-flux.com/journal/charming-for-the-revolution-a-gaga-manifesto

HALBERSTAM, JUDITH (1998)
Female Masculinity (Durham, NC: Duke University Press)

HARVEY, DAVID (2013)
Rebel Cities: From the Right to the City to the Urban Revolution (New York: Verso)

HOGAN, WESLEY C. (2009)
Many Minds, One Heart: SNCC's Dream for a New America (Chapel Hill, NC: University of North Carolina Press)

JACQUES, MARTIN (2011)
When China Rules the World (New York: Penguin)

LACAN, JACQUES (2007)
'The Mirror Stage as Formative of the Function of the I as Revealed in Psychoanalytic Experience', in Écrits, tr. Bruce Fink (New York: Norton): pp. 75–82

LASCH, PEDRO (2010)
Black Mirror/Espejo Negro (Durham, NC: Nasher Museum of Art)

LLOYD, ANG (2014)
'Zanele Muholi's New Work Mourns and Celebrates South

African Queer Lives', Africa Is a Country, 20 March 2014 http://africasacountry.com/zanele-muholis-new-work-mourns-and-celebrates-south-african-queer-lives

LOIPERDINGER, MARTIN, AND BERND ELZER (2004)
'Lumière's Arrival of the Train: Cinema's Founding Myth', The Moving Image, vol. 4, no. 1 (Spring): pp. 89–118

LOSH, ELIZABETH (2014)
'Beyond Biometrics: Feminist Media Theory Looks at Selfiecity' http://d25rsf93iwlmgu.cloudfront.net/downloads/liz_losh_beyondbiometrics.pdf

LYOTARD, JEAN-FRANÇOIs (1979)
The Postmodern Condition (Minneapolis: University of Minnesota Press)

MCLUHAN, MARSHALl (1962)
The Gutenberg Galaxy: The Making of Typographic Man (Toronto: University of Toronto Press)

MCLUHAN, MARSHALl (1964)
Understanding Media: The Extensions of Man (New York: McGraw-Hill)

MCLUHAN, MARSHALL, AND Q. FIORE WITH J. AGEL (1967)
The Medium is the Massage: An Inventory of Effects (New York: Random House)

MARCHE, STEPHEN (2013)
'Sorry, Your Selfie Isn't Art'
http://www.esquire.com/blogs/culture/selfies-arent-art

MARX, KARL (1867)
'Notes for an Undelivered Speech on Ireland'
http://www.marxists.org/archive/marx/iwma/documents/1867/irish-speech-notes.htm

MATURANA, H. R. (1980)
'Biology of Cognition', in H. R. Maturana and F. J. Varela, Autopoiesis and Cognition (Dordrecht: D. Reidel): pp. 2–58

MAVOR, CAROL (1999)
Becoming: The Photographs of Clementina, Viscountess Hawarden (Durham, NC: Duke University Press)

MIÉVILLE, CHINA (2009)
The City and the City (New York: Del Rey)

MILLWARD, STEPHEN (2014)
'China's 450 million online video viewers watch 57 billion hours of vids every month' https://www.techinasia.com/china-has-450-
million-online-video-viewers-2013-infographic

MIRZOEFF, NICHOLAS (2005)

Watching Babylon: The War in Iraq and Global Visual Culture (London: Routledge)

MIRZOEFF, NICHOLAS (2012)
The Visual Culture Reader, 3rd edition (London: Routledge)

MITCHELL, W. J. T. (2005)
'There Are No Visual Media', Journal of Visual Culture, August 2005, vol. 4, no. 2: pp. 257–66

MITCHELL, W. J. T. (2011)
Cloning Terror: The War of Images, 9/11 to the Present (Chicago: University of Chicago Press)

MULVEY, LAURA (1975)
'Visual Pleasure and Narrative Cinema', Screen 163 (Autumn): pp. 6–18

MUMFORD, LEWIS (1961)
The City in History: Its Origins, Its Transformations, and Its Prospects (Orlando, FL: Harcourt)
nassi, jonathan j., and edward m. callaway
'Parallel Processing Strategies of the Primate Visual System', Nature Reviews Neuroscience 10 (1 May 2009): pp. 360–72

NIXON, ROB (2011)
Slow Violence and the Environmentalism of the Poor (Cambridge, MA: Harvard University Press)

NORA, PIERRE (2006)
Realms of Memory: Rethinking the French Past (New York: Columbia University Press)

ORESKES, NAOMI, AND ERIK CONWAY (2010)
Merchants of Doubt: How a Handful of Scientists Obscured the Truth on Issues from Tobacco Smoke to Global Warming (New York: Bloomsbury)

ORWELL, GEORGE (1937)
The Road to Wigan Pier (London: Gollancz)

PARKER, ROZSIKA, AND GRISELDA POLLOCK (1981)
Old Mistresses: Women, Art and Ideology (London: Routledge & Kegan Paul)

PARKS, LISA (2005)
Cultures in Orbit (Durham, NC: Duke University Press)
phelps, earle b., george a. soper and richard h. gould (1934)
'Studies of Pollution of New York Harbor and the Hudson River', Sewage Works Journal 6, no. 5: pp. 998–1008

PILLAY, DEVAN (2013)
'The Second Phase – Tragedy or Farce?', in New South African Review 3 (Johannesburg: University of Witwatersrand Press)

RAMACHANDRAN, V. S. (2011)
The Tell-Tale Brain: A Neuroscientist's Quest for What Makes

Us Human (New York: Norton)
RANCIÈRE, JACQUES (2001)
'Ten Theses on Politics', tr. Davide Panigia and Rachel Bowlby, Theory & Event, vol. 5, no. 3

RUDWICK, MARTIN J. S. (2005)
Bursting the Limits of Time: The Reconstruction of Geohistory in the Age of Revolution (Chicago: University of Chicago Press)

SCHECHNER, RICHARD (2002)
Performance Studies (New York: Routledge)

SCHIVELBUSCH, WOLFGANG (1987)
The Railway Journey: The Industrialization and Perception of Time and Space in the Nineteenth Century (Berkeley: University of California Press)

SCHMIDT, ERIC, AND JARED COHEN (2013)
The New Digital Age: Reshaping the Future of People, Nations and Business (New York: Knopf)
selfiecity
Investigating the style of self-portraits (selfies) in five cities across the world
http://selfiecity.net

SHIRKY, CLAY (2008)
Here Comes Everybody: The Power of Organizing Without Organizations (New York: Penguin)
SITRIN, MARINA (2006)
Horizontalism: Voices of Popular Power in Argentina (Oakland, CA: AK Press)

SNYDER, JOEL (1985)
'Las Meninas and the Mirror of the Prince', Critical Inquiry, vol. 11, no. 4 (June): pp. 539–73

SPERI, ALICE (2014)
'International and Egyptian Street Artists Join Forces Against Sisi', VICE News
https://news.vice.com/article/international-and-egyptian-street-
artists-join-forces-against-sisi

STAROSIELSKI, NICOLE (2012)
'"Warning: Do Not Dig": Negotiating the Visibility of Critical Infrastructures', Journal of Visual Culture (April), vol. 11, no. 1: pp. 38–57

STIGLITZ, JOSEPH (2011)
'Of the 1%, by the 1%, for the 1%'
http://www.vanityfair.com/society/features/2011/05/top-one-percent-201105

SZE TSUNG LEONG (2004)
'History Images'

http://www.szetsungleong.com/texts_historyimages.htm
THOMPSON, E. P. (1991)
'Time, Work-Discipline and Industrial Capitalism', in E. P. Thompson, Customs in Common: Studies in Popular Culture (New York: The New Press)

VERTOV, DZIGA (1984)
Kino Eye: The Writings of Dziga Vertov (Berkeley: University of California Press)

VIRNO, PAOLO (2004)
A Grammar of the Multitude, tr. Isabella Bertoletti and James Cascaito (New York: Sémiotext(e))

VLADISLAVIC, IVAN (2009)
Portrait with Keys: The City of Johannesburg Unlocked (New York: Norton)

WALLACE, DAVID FOSTER (2007)
'Deciderization 2007 – a Special Report', Introduction to Best American Essays 2007 (New York: Mariner Books)
WEIZMAN, EYAL (2007)
Hollow Land: Israel's Architecture of Occupation (London: Verso)

WERREL, CAITLIN E., AND FRANCESCO FEMIA (2013)
The Arab Spring and Climate Change, The Center for Climate Security
https://climateandsecurity.files.wordpress.com/2012/04/climatechangearabspring-ccs-cap-stimson.pdf

WUEBBLES, DONALD (2012)
'Celebrating Blue Marble', Eos, vol. 93, no. 49 (December): pp. 509–10

給眼球世代的觀看指南
How to See the World

作者　尼可拉斯・莫則夫　Nicholas Mirzoeff
譯者　林薇
總編輯　周易正
責任編輯　陳敬淳
美術設計　李君慈
內頁美編　黃鈺茹
編輯協力　林佩儀、邱子情
印刷　博創印藝文化事業有限公司
版次　二〇二三年十月初版二刷

定價　三八〇元
ISBN　978-986-92539-7-0

Original English language edition first published by Penguin Books Ltd, London

This edition is published by arrangement with Penguin Books Ltd. through Andrew Nurnberg Associates International Limited.

出版者　行人文化實驗室（行人股份有限公司）
發行人　廖美立
地址　100台北市南昌路一段49號2樓
電話　（02）3765-2655
傳真　（02）3765-2660
網址　http://flaneur.tw

總經銷　大和書報圖書股份有限公司
電話　（02）8990-2588

國家圖書館出版品預行編目資料

給眼球世代的觀看指南 / 尼可拉斯・莫則夫
(Nicholas Mirzoeff)；林薇譯.
--初版. --臺北市：行人文化實驗室，2016.07
320面；14.8 x 21 公分
譯自：How to see the world
ISBN 978-986-92539-7-0(（平裝）
1.視覺傳播 2.影像文化

541.83　　105010050